AF545588

Ueli Seiler-Hugova

Läbens-labyrinth

Was mys Läbe rycher gmacht het

WEBERVERLAG.CH

Alle Angaben in diesem Buch wurden vom Autor nach bestem Wissen und Gewissen erstellt und von ihm und dem Verlag mit Sorgfalt geprüft. Inhaltliche Fehler sind dennoch nicht auszuschliessen. Daher erfolgen alle Angaben ohne Gewähr. Weder Autor noch Verlag übernehmen Verantwortung für etwaige Unstimmigkeiten.

1. Auflage

Idee und Texte: Ueli Seiler-Hugova

Weber Verlag AG
Leitung: Annette Weber-Hadorn
Gestaltung Cover: Nina Ruosch
Satz: Cornelia Wyssen
Lektorat: Madeleine Hadorn
Korrektorat: Alice Stadler

Der Weber Verlag wird vom Bundesamt für Kultur mit einem Strukturbeitrag für die Jahre 2021–2025 unterstützt.

ISBN 978-3-03818-563-5
www.weberverlag.ch

Inhaltsverzeichnis

Pärsönlichkeite

D Anthroposophie

Myni Büecher

Was söu au das Outobiografische?

Zersch mau die Frag, warum die Motivation, ds Outobiografische z veröffentliche? Isch das nid eifach exhibitionistisch, ä Säubschtbeschpiegelig, äs Sich-säuberwichtig-näh? Vilecht das ou.

Äs git so viu Wüsse uf dr Wäut, wo z teile wär. Aber viu Wüsse erschynt hüt unabhängig vomene Outor. Sogenannt objektiv. Mit KI. Isch de das nid ou problematisch? Eigetlech müesste i au däm Wüsse no Spure sy vom Outor, vo däm Wüsse. De wüsst me de ou, vo wäm das Wüsse chunt. Mir hei aube gfragt, we mir öpper troffe hei: «Vo wäm bisch de?», um nä chönne heiztue.

Ds outobiografische Wüsse cha me heitue. Äs isch nid objektiv, aber subjektiv, outhäntisch. Wott nid renommiere aus Auerwäutsmeinig. Blybt bescheide begränzt i dr Pärsönlichkeit, dür die das Wüsse tönt. U i finge's spannend, was für Wüsse imene Läbe aus so dürne Mönsch geit, sich inkarniert. Drum sy für mi d Biografie die wichtigschti Literatur. Ou myni Biografie.

Du fingsch drum i myne Tägschte viu Biografisches über mys Läbe: Über ds Paris im Achtesächzgi, über myni Mondchnüpple. Über mi aus «Steppewouf». Über dr töifscht Punkt i mym Läbe.

De brichten ig vo Reise. I ds Katharerland. Nach Kiev. Mit äm Velo nach Marseille. Z Fuess vo Ins nach Chur, vo Gänf nach Arles. Vo dr Meer-zu-Meer-Wanderig z

Italie u vo dr Wanderig vom Mittelmeer zum Atlantik. Vo dr Sehnsucht nach äm Süde. D Mignon het so vili i Süde zoge. Mi ou.

I formuliere Aperçus über Pärsönlichkeite. Über d Julia Butterfly Hill, ä Boumfrou. D Vendula Bročova, für mi ä wichtigi Künschtlerfrou. Dr Ivan Illich, ä I-Frag-Steuer vo dr Gseuschaft. Dr Echnaton u dr Saint-Exupéry, Filosofe vo dr Sunne u vo dr Ärde. Dr Ernst Müller, Kunschtmaler im Seeland. Dr Näpu u dr Kapodistrias, Umgeschtauter vo dr Schwyz. Dr Paul Vital Ignaz Troxler, dr Mitbegründer vo dr Bundesverfassig 1848.

I beschribe myni Büecher über Farbe, Stärne, Parzival, Pestalozzi u Steiner, über Wermi. Di beide Büecher «We dr Himu äm Horizont äs Müntschi git» u «Usem Nüt cha mängisch o Aues cho». Ig säge öppis über Anthroposophie.

Ig veröffentliche myni Erscht-Ouguscht-Red vo 1988 u 1990 z Seedorf u z Burdlef.

Ig verzeue vo mym Paradigmewächsu in Bezug uf ä Ukrainchrieg.

Ig notiere Naturärläbnis im Rosehofpark u verzeue vo de geomantische Steischtele im Seeland.

U de no die chli verruckti outobiografischi Liebeserklärig a d Stadt Bärn, «Bärn, das han ig gärn».

Auso viu outobiografisches Wüsse! Nimm's nid z wichtig. Äs isch nid äs augemeins Wüsse. Äs isch, wenns guet aachunt, äs warms pärsönlichs Wüsse. Nid meh, aber ou nid weniger.

Mys Läbe

Mys Läbe, ä Ouroboros-Labyrinth-Schlange. Oder: Weli Läbeszyt isch die schönschti gsi?

Das bin ig scho mängisch gfragt worde. Die Frag isch mir vorhär no gar nie i Sinn cho. I ha viu schönschti Zyte gha. Emu wen ig hingere luege. So han ig vilecht meh Glück aus Verschtang gha, so vili glücklechi Zyte dörfe z ärläbe.

Bis zu mym Schueuytritt man ig mi nid a viu bsinne. Nume a das, was mir später verzeut worde isch: Gebore bin ig am nüünzähte Apriu nüünzähhundertzwöievierzg z Chlydietu bi mynere Grossmueter, wo ou no grad Landhebamme gsi isch. Wenns ä Bueb sygi, söu de dä Hansueli heisse. Wo de tatsächlich ä Bueb gebore isch, isch klar gsi, dass dä jitz Hansueli heisst. Doch de hei si gmerkt, dass da no eine im Buuch isch u ouno gebore wott wärde. Das isch de ou gscheh. Das zwöite Büebli isch aber sehr bring gsi. Mi het zersch nid gwüsst, ob äs die Geburt überschteit. My Grossmueter het aber viu verstange u het ihm zum Läbe verhoufe. Dr erscht Bueb het du notgedrunge Hans gheisse u dr zwöit Ueli. Das wär de ig gsi. My Brueder, wo nach dr Geburt no so chräftig isch gsi, isch nach äs paar Wuche gstorbe. U ig ha söue, dörfe, müesse, chönne wyterläbe. Die Schlange schlänglet i ds Läbe.

Myni Eutere hei a verschidnige Orte gwohnt. Zum Byschpiu z Fryburg. Das sy ja Chriegsjahr gsi u bi üs deheime het's viu Flüchtlinge gha, wo mängisch nume äs paar Täg sy da gsi u mängisch ou länger. Mi verzeut, dass myni erschte Wort kroatisch gsi syge, wiu i dere Zyt deheime ä Kroatin zue mer gluegt het. Myni Eutere hei inere Gärtnerei ihres Läbe verdient. Viu Vouk schlänglet a üs us ganz Europa verby.

Wo myni Eutere de z Bremgarte in äre Gärtnerei gwohnt sy, sygi ig yne töife Brunne gheit u fasch versoffe. Grad het me das no gseh u mi us däm Wasser zoge. Dasch de fasch wie nä Wassertoufi gsi, obwou i früecher scho vo ämene Quäker touft worde bi. Mys Läbe isch auso einisch meh amene Fädeli ghange. I myne Erinnerige – mir hei denn ou z Bremgarte bi dä Grosseutere gwohnt –, bin ig aus Vierjährige für ä Grossvatter mit äm Leiterwägeli Rossbolle für i Garte go ysammle. Einisch heig ig mi verloffe, düre Waud i näs angers Dorf. Nach äre länge Zyt hei mi d Eutere gfunge. Aues i auem ä gueti Zyt i myre früeche Chindheit. Scho het's aagfange, dass mys Läbe dür ds Labyrinth düreschlänglet.

De nach äm Zwöite Wäutchrieg het dr Ätti ändlich wider ä Staatsschteu aus Lehrer übercho. Är het im Reuscht, i dr Sigriswiler Gmein, unger äm Sigriswilergrat, ä Gsamtschueu überno. I bi scho sächsjährig zu ihm i d Schueu. Vo dere Schueu weis ig fasch nüt meh, aus dass äs mir wou isch gsi. Viu meh man ig mi bsinne a au die Chräche mit äm Wiudwasser, wo mer gstouet hei, a d Höhline am Sigriswilergrat, a d Wäuder mit Heiti u Schwümm, u a ds Hütteboue. D Seck vou Steine, bin ig hei gloffe u ha Katzegoud u Granit bewunderet. Imene chlyne Heimetli han ig Schaf u Geisse gfuetteret u gmueche u ghüetet, böse Güggle dr

Kopf abghoue, i dr Meitlischueu glehrt, Wule z spinne u z verwäbe. Mir isch äs nie längwylig gsi. Ä schöni Zyt. Gwautig, die toosende Wasser, wie si dür die töife Schluchte düre gschlänglet sy!

De bin ig i d Steinerschueu uf Bärn u ha bi de Grosseutere z Bremgarte bi Bärn gwohnt. D Steinerschueu isch für mi guet gsi: Ig, überuus schüüch, aber interessiert, ha die engagierte Lehrer:inne gnosse: griechischi Mythologie u griechischi Sprach, Mittuauter, Ritter u Parzival, Farbelehr mit äm Prisma, Stärnekund, Geologie, Renaissance mit Leonardo, Raffael u Michelangelo, Kolumbus u Magellan, Goethe u syni Urpflanze, Theaterschpiu u Shakespeare u Mahatma Gandhi. Nüünzähhundertvierefüfzg, bim Ungareufschtang, hei mer für d Ungare Gäud gsammlet. My erschti politischi Aktion. I dere Zyt hani afa tanze. Mir het dr Contretakt gfaue. Auso Foxtrott u Rock'n'Roll mit äm Elvis Presley, wo damaus aus Soudat nach Dütschland cho isch. Jitz het ds Läbe aagfange schlängle u tanze.

Ätti u Müeti sy scho, won ig äs haubs Jahr a dr Steinerschueu bi gsi, nach Ins u hei d Heimschueu Schlössli ggründet. Dört han ig zumene böse Esuhängscht gluegt u mi mit ihm befründet, Hüttene bout, Karl May gläse; dr Ätti het es paar Jugendlichi vo üs zu Gralsritter gschlage, i ha us Sydepapier äs Rosechrüz gstautet u a ds Fänschter ghänkt. Ig ha i Ättis Bibliothek Büecher gfunge u probiert, se z versta. Zum Byschpiu bi dr Hildegard von Bingen het mi interessiert, was si über Spermie seit. Ig ha mi gfragt, wie nä Äbtissin zu Erkenntnisse vo Spermie chunt. Ä schöni u interessanti Zyt. Ds Labyrinth dür ds Härz vo dr Wäut het sich gwytet.

I bi du vierehaub Jahr im evangelische Lehrersemer Murischtaude im Internat gsi. Das isch für mi ä wichtigi Zyt: ds Zämeläbe mit Kollege, ds Nachtläbe i dr Stadt Bärn. D Mitarbeit i Chlytheater. Dr Ungerricht, mängisch öppe ou interessant. D Usenangersetzig mit äm fundamentalistische Chrischtetum. I ha viu Büecher gläse: äm Irving Stone sy «Van Gogh», äm Solschenizyn sy «Archipel Gulag», äm Gotthäuf syni «Leiden und Freuden eines Schulmeisters», äm Rudolf Steiner syni «Philosophie der Freiheit», är Francoise Sagan ihri «Bonjour Tristesse». Verliebti Briefe a Fründinne sy gschribe worde. Wunderbar, scho Couvert mit bsungriger Schrift hei ds Härz z chlopfe gmacht. Ä intensivi Zyt, ä schöni Zyt. D Schlange het guslet u ds Gfährliche u Verbottnige isch usprobiert worde.

I ha de für näs haubs Jahr d Gsamtschueu Eblige bi Brienz überno. Mit dene einezwänzg Ching vo dr erschte bis zur nüünte Klass bin ig guet z Schlag cho. Si hei mi gärn gha, wiu ig ihne guet ha chöne verzeue, mit ihne gsunge u Theater gspiut ha, ihne reschpäcktvou begägnet bi u im Winter mit ihne monumentali Schneeplastike gformt ha. Ig bi für si dr Schueumeischter gsi, wo si sich wou gfüut hei. Das isch für mi äs Stanserläbnis gsi, wie annodazumal bim Pestalozzi z Stans. I ha gseh, dass me im Pädagogische öppis cha mache. Leider han ig dört nid chönne blybe. Dr Ätti het grüeft. Ig ha i ds Schlössli müesse. Dört het's a Lehrer gmanglet. Für mi isch das haube Jahr z Eblige ä zwar churzi, aber ä herusragendi Zyt gsi. Ds erschte Mau im Zäntrum vomene pädagogische Labyrinth.

Scho bin ig aus Einezwänzgjährige i dr Schlösslischueu gsi. Dr Ätti u ig hei ds Freie Heimpädagogische Seminar Schlössli Ins ggründet u de dört Heimlehrer:inne, Heimerzieher:inne u Heimwärker usbbiudet. Dr Ätti het mer grad die ganzi Schueu aus Verantwortig ggä. Ig ha mit myne Kollege afa usefinge, was de eigetlech Steinerschueupädagogik sygi. Mir sy nach Dornach u Stuttgart gfahre a Tagige. Ig ha i dere Zyt vo dr Achtesächzgerrevolution d Steinerpädagogik mit dr antioutoritäre Erziehig vo Sommerhill verbunde. Bi mit myre erschte Frou Christa 1968 z Paris gsi, wo uf em Boulevard Saint-Michel Pflaschterschteine gworfe worde sy, me Gaspetarde ygschnuufet u roti Ouge übercho het. I dere wiude Zyt bin ig ou ä chli a dr Uni Bärn gsi. Ha dr «Pestalozzi» vom Albert Steffen im Schlössli uf d Bühni bbracht, mys «Pädagogische Manifescht» useggä u de Bärner Magischtrate gschickt. I üsere Familie sy i füüf Jahr vier Ching uf d Wäut cho, drü Töchtere, ei Bueb. Dr Wäg dür ds Labyrinth het sich guet aagfüut. Ä glücklichi Zyt.

Im Zwöiesibezgi hei mir dr Ätti u ds Müeti d Leitig vom ganze Schlössli übergä. Aus Dryssgjährige han ig jitz aues besser wöue mache aus dr Ätti. Das het gheisse, dass ig ds Schlössli vomene patriarchale zumene kollegiale Syschtem ha wöue umwandle. My Brueder u ig hei im Zwöienachtzgi us em Bsitz vo üsne Hüser ä Stiftig gmacht, wo de so äm Verein Schlössli zur Verfüegig gstange isch. Mir aus Achtesächzger sy dr Meinig gsi, dass Bsitz unaschtändig isch. Ig ha Summertagige organisiert, wo mer öffentlich üsi Pädagogik u üsi Inschtitutsform hei publik gmacht. Ds Schlössli het aus Ort guute, wo schwierigschti Ching wider hei Zueversicht übercho. I ha im Achtzgi die bärnischi Volksinitiative für freie Schulwahl lanciert. Mit dr Aanahm vo dere Initiative hätti d Eutere äs Aarächt übercho uf äne Rückerschtattig vo de Chöschte gägenüber dä Privatschuele, bis zu däm Betrag, wo ä Staatschueu choschtet. Das drüjährige Projekt isch de abglehnt worde. Doch das isch de my Ytritt gsi i ds politische Läbe. Au die Mitarbeiter:inne, au die Ching, au die Eutere sy a mir verbygströmt. Wider ä intensivi, aber ä gueti Zyt. Ds Labyrinth het sich no meh gwytet.

D Bärner Jugendunrue hei drzue gfüert, dass sich im Drüenachtzgi ä Nationalratslischte bbildet het, wo sich liberali, grüeni, progressivi Mönsche hei ygschribe, um d Leni Robert i Nationalrat z bringe. D Leni het ou myni Vouksinitiative ungerstützt. Wo de d Leni im Nationalrat isch gsi, hei dr Profässer Arthur Teuscher u ig ds Präsidium vo dere neue Bewegig Freie Liste übernoh. So han ig de äs paar Jahr intensiv politisiert, bis im Schlössli, ohni mys Wüsse – i ha zu dere Zyt äs Freijahr gno – ou politisiert worde isch. Äs isch zu rä exischtenzielle Schlösslikrise cho, u ig bi fasch usbbootet worde, aber de aafangs nüünzger Jahr, meh aus vorhär, Heimleiter gsi. Für mi isch das de ou ä schwäri Zyt gsi – myni Frou isch uf dr Gägesyte gsi, mir hei üs trennt u sy gschide worde. Gfährlech het si zünglet, die Schlange. Doch i bi tapfer wyter gloffe dür mys Läbenslabyrinth. Obwou das ä schwäri Zyt gsi isch, möcht ig si nid misse i mym Läbe.

Vom Ufbou zumene nöje Schlössli im Nüünzgi bis i ds Drüenüünzgi han ig i mym private Läbe wiudi Jahr ärläbt. Ä wiudi Zyt, aber i dänke, myni Erfahrige hei mi wäutoffener u miuder gäge moralische Rigorismus gmacht. I ha glychzytig mehreri Fründinne gha u ha vo Aafang immer gseit, dass ig ke feschti Beziehig me wöu. I ha mir ygredt, dass ig sowieso nid beziehigsfähig sygi.

Zue all dene Froue het ou d Kamila ghört. Mir hei de im Herbscht Drüenüünzg gmerkt, dass mir doch wei zämeläbe. I ha das de ou myne angere Fründinne mitteilt. D Kamila isch i my Wohnig zoge. Im Vierenüünzgi hei mer ghürate u hei de scho bau drü Ching gha.

I dere Zyt han ig Kontakt ufgno mit internationale pädagogische Organisatione. Eini drvo isch d European-Form-for-Freedom-in-Education (EFFE)-Initiative gsi. Si het Lüt vo ganz Europa zämebbracht, ou us de Oschtschtaate, wo Interässe hei gha a Alternative im Pädagogische: auso Waldorfpädagogik, Montessoripädagogik, Jenaplan und so wyter. So han ig baud in Estland u de z Riga a dr lettische Universität ungerrichtet: Waldorfpädagogik, Schlösslipädagogik, Sinneslehr, äm Wolfram von Eschenbach sy «Parzival» für Germanischt:inne. Si hei mi zum Gaschtprofässer gmacht u ig bi im Jahr äs paar mau dört ueche gfloge. Glychzytig han ig aagfange, in Tschechie a dr anthroposophische Akademie für künschtlerischi Sozialpädagogik z ungerrichte. U de baud o i de Waldorfschuele aus Lehrer u Mentor. Wichtig isch für mi gsi, dass ig i dr Lehrerusbiudig ha chönne ungerrichte.

Ds Schlössli han ig i dere Zyt no besser strukturiert u organisiert. Mir hei Ändi nüünzger Jahr nach äm Brand vom Freyahof die grossi Ufgab übercho, grossi Boute chönne z realisiere. So sy dr nöi Freyahof u dr Burgunderhof äntstange. My Wäg dür ds Labyrinth isch wyterggange.

Im Jahr zwöituusigueis het ds nöje Jahrtuusig aagfange: Dr Ätti isch gstorbe, mir hei ds Aschtrolabium bboue, mys Farbebuech isch usecho, üsi Tochter Alma isch uf d Wäut cho. I ha zwöituusigudrü äs Jubiläumsbuech zum füfzigschte Geburtstag vom Schlössli mit äm Titel «Werde, der du bist» useggä. Zwöituusigunüün isch mys «Sternenbuch integral» druckt worde, zwöituusiguvierzäh han ig wou mys gröschte Wärch, «Das Grosse Parzivalbuch», chönne verwürkleche, zwöituusigufüfzäh «Johann Heinrich Pestalozzi als Vorverkünder der Philosophie der Freiheit Rudolf Steiners», mys läbelange Thema ume Pestalozzi u Steiner u zwöituusiguachtzäh «Von der Wärmemeditation zur Wärmepädagogik».

Im Herbscht zwöituusigunüünzäh han ig aagfange, Anekdote us mym Läbe uf Bärndütsch ufzschrybe. Im Herbscht zwöituusigueinezwänzg isch mys erschte Bärndütschbuech unger äm Titu «Wenn dr Himu äm Horizont äs Müntschi git» im Weber Verlag usecho. Im Ougschte 2023 die bärndütsche Aphorisme «Us äm Nüt cha mängisch ou Aues cho». Die acht Bücher i de letschte zwänzg Jahr sy mys Vermächtnis us mym Läbe, mit verschidnigschte Theme. I bi so ou ä Schriftschteuer worde. Auerdings sy myni Büecher nie Bestseuer worde. Vilecht wärde si Longseuer. Viu Wysheit het mir die labyrinthischi Schlange ggä. Ha se i myne Büecher versuecht z dokumentiere.

Zwöituusigusächs han ig d Leitig vom Schlössli abggä. Ig ha mir zum Abschied ä Jurte uf ds Labyrinth gwünscht. Das het me de ou gmacht. Später hei Seminarischte die zwölf Tierkreisthrön gstautet. Ig bi immer no Leiter gsi vo üsem Seminar. Dört han ig mi no ganz chönne drygä. I ha du müesse zueluege, was nach myre Leitig vom Schlössli passiert. Ig ha immer meh müesse feschtschteue, dass ds Schlössli wägchunt vo syre jahrelange Beschtimmig. Immer meh het me aues dür schriftlechi Konzept ygängt. Mi het ängschtlech uf ä Staat gluegt, was dä wott. D Leitig het Wichtigs beschlosse, ohni d Erzieher:inne u d Lehrer:inne yzbezie. Drzue het d Leitig Angscht gha, dört im Heim korrigierend yzrgyffe, wo zum Schade vo de Ching u de Mitarbeiter:inne Not isch gsi. Dr vo mir ygsetzt Heimleiter het kündet u äs isch ä no schlimmeri Heimleiterin gwäut worde. Langi Zyt han ig mi nid ygmischt. Doch won ig de ygriffe ha, han i gspürt, dass jitz dr Staat aus im Griff het gha. Ändi Januar zwöituusigvierzäh het ds bärnische Jugendamt uf ä nächscht Summer d Schueu zueta. U ig bi mit dr Stiftig Seiler vor dä lääre Hüser gstange u ha ds erschte Mau i mym Läbe nümme gwüsst, wie wyter. I ha gwartet, ob äs Lüt git, wo die Hüser wider bevöukere. Das isch mi töifscht Läbesabschnitt gsi. Doch ou dä möchte ig nid misse. Het mys Läbe mit dere Kataschtrofe aus Zwöiesibezgjährige nid äntscheidendi Impulse übercho? Jitz isch mys Labyrinth fasch ä Sackgass worde. Mängisch han ig nümme gwüsst, wies wytergeit. D Zerschtörigsschlange het zünglet wie verruckt. U doch isch äs wyterggange, aber angersch.

Ds «nöje Schlössli» ufzboue isch nid eifach gsi. Doch mir hei Glück gha: I ha im Tom Grossenbacher ä gschickte Verwauter übercho. Langsam, aber stetig sy d Lüt yzoge i üsi Hüser. D Stiftig Seiler, wo die Liegeschafte vermietet, isch nümme säuber initiativ worde. Au die Projekt sy jitz säuber verantwortlich. D Stiftig Seiler steut dr Läbensruum zur Verfüegig. So isch ds Schlössli nadisna wider bevöukeret worde. Hundertfüfzg Mönsche läbe hüt i üsne Hüser. Zwöituusigufüfzäh isch ds Müeti mit sibenänüünzgi gstorbe. Aus hätti äs no gwartet, bis nach dr Kataschtrofe vo dr Heimschliessig doch wider d Sunne schynt im Schlössli. D Stiftig Seiler het ou finanziell chönne konsolidiert wärde. U uf dr Website vom Schlössli cha me nume stuune, was aus so gedeiht i üsne Hüser, uf üsem Land. Ig ga jede Tag i Rosehofpark u loufe ds Chartres-Labyrinth ab. U mys Läbe isch labyrinthisch, aber guet. My Läbensschlange het mer au die Kenntnisse u Unkenntnisse, au die Wysheite u Dummheite, die Fähigkeite u Unfähigkeite gschänkt. Nüt möcht ig misse vo au däm. Bis jitz äs glücklichs u erfüuts Läbe.

Z Paris im Achtesächzgi uf äm Boulevard Saint-Michel u bir École des Beau-Arts

I bezeichne mi ja aus Achtesächzger. Denn im Achtesächzgi bin ig sächsezwänzgi gsi. Mir hei denn ds «Kleine Rote Buch» vom Mao gläse u «Theorie und Praxis der antiautoritären Erziehung» vom britische Pädagog u Heimleiter vo dr demokratische Schueu Summerhill, Alexander Sutherland Neill. Das Buch, im Rowohlt Verlag erschine, het im Nüünesächzgi ä

Uflag vo über äre haube Million erreicht. I ha aus autodidaktische Steinerschueulehrer müesse die antioutoritäri Erziehig mit Steiners Pädagogik zämebringe. I ha du später myne Pädagogikschtudänte immer wider gseit, dass jede Pädagog, jedi Pädagogin zersch mau mues verinnerliche, dass die beschti Erziehig kei Erziehig sygi, so wies scho dr Jean-Jaques Rousseau poschtuliert het.

I bi, scho fasch mit dr Christa, myre erschte Frou, verhüratet, mit ihre aafangs Mai nüünzähhundertachtesächzg nach Paris. Ha ihre mys Paris, won ig im Sächsesächzgi bym drümonatige Sprachufenthaut kenneglehrt ha, wöue zeige. Natürlich sy mer i ds Quartier Latin zumene Chines go ässe. Wo mer usecho sy, sy mer vo dr Polizei umzinglet gsi. Ä Strassekampf het stattgfunge. Studänte hei Pflaschterschteine gworfe, d Polizei het Tränegas ygsetzt. Mi het das aus interessiert. Mir isch äs eso ggange wi däm Trueber Mandli i dere Gschicht, won i einisch ghört ha. Wo das Mandli i Chrieg zoge isch, het ihm syni Frou zum Abschied gseit: «Gang de chli füre, dass de öppis gsehsch.» I bi a dr vorderschte Front gstange u myni jungi Verlobti het Angscht gha. Doch mir sy immer i dr Nächi vo rä Metroschtation gsi, um im Notfau dert abe chönne z flieh.

In ganz Paris isch Unrue gsi, Demonschtrationszüg dür d Champs-Élysées. D Arbeiter hei sich mit de Demonschtrierende solidarisiert. Mi het gnue gha vo de Kapitalischte, vom Vietnamchrieg, vom Charles de Gaulle. A dr École des Beaux-Arts hei d Demonschtrante äs grosses Chruzifix ufgsteut u dr Jesus mit ämene grosse Phallus verziert. Dä studäntisch Ufruer

– i bi ja zu dere Zyt ou Studänt a dr Bärner Uni gsi – het mer i syner Chraft gfaue. Mi het öppis Nöis wöue.

Doch dr Marxismus mit sym dialäktische Klassekampf isch eigetlich auts Züüg. D Revolution isch ä gfährlechi Sach. Das het me bi dr Französische, dr Russische u dr Chinesische Revolution gseh. Zersch si mau Chöpf grouet, um die klasselosi Gseuschaft härezmorde. De het immer ä Diktator ds Hefti i d Hang gno. U d Funktionäre, wo d Arbeiter befreit hei, hei d Arbeiter nume gärn gha, wenn si nä zuegluegt hei bym Schufte.

I has meh mit äm Goethe gha: Ä Evolution het's müesse sy. Mi cha d Wäut nume verändere, indäm sich jede säuber zum Guete entwicklet. Das geit langsam. No Hunderti vo Jahr. Dr Marxismus, wo denn plötzlich isch in gsi, ou bi viune vo myne Fründe, han ig nid mitgmacht. I bi eigetlech ä ächte Liberale gsi, wo vor auem im Kulturläbe d Freiheit het poschtuliert. Bi aber ou gäge dä Roubtierkapitalismus, wo d Freiheit im Wirtschaftsläbe missbruucht, gsi. Dr Marxismus u dr Sozialismus sy mer immer z etatistisch vorcho.

D Achtesächzger hei verschidnigi Ziu gha. Sicher dr Antikapitalismus, «Small is beautiful» vom Ängländer Ernst F. Schumacher, ds «Laisser faire, laisser aller», dr Sturm gäge Konventione u Inschtitutione, die sexuelli Revolution u d Pille. Mir hei aui Bärt gha, hei vomene gmeinsame Läbe ire Kommune, vo Flower-Power tröimt. Bsitz isch Roub a de angere, Hierarchie verpönt gsi. Die Ideau si zwar schnäu a ihri Gränze cho. Hei sich die radikali I-Frag-Stellig, dä Achtesächzger-Spirit mit ämene Huuch vo Anarchie, ds Abrücke vom Aute glohnt?

Ig bi ä Achtesächzger. Das Aues-i-Frag-Steue isch guet gsi. D Antworte aber sy schwär. Für mi isch die Achtesächzgerchraft vor auem i dr Pädagogik wichtig gsi. Dört bin ig bis hüt immer radikaler worde: Mir chöi für üsi Ching nid ds Läbe bestimme. Mir chöi ihne nume häufe, das z wärde, was si zinnerscht i sich aus Wahrheit gspüre. Das isch autonom ddänkt u richtig.

Myni Mondchnüpple

Dr Läbenslouf isch äs Wunger. Är isch äs Kunschtwärk u bi jedem Mönsch ganz einzigartig. Dr Läbenslouf z studiere isch eher ä jungi Wüsseschaft. D Mönsche versuche i dr Biografik rhythmischi Gsetz usezfinge u se i jeder Biografie nachezwyse. Das isch zum Teil ä garschtigi Sach. D Individualität ströibt sich, sich i Gsetzmässigkeite ynezzwänge. Me mues das mit de Biografiegsetz, wo me gloubt usegfunge z ha, locker nä. U doch isch das äs Spiu, wo ou Spass macht.

I bi nu scho über achtzgjährig u cha scho fei e chli lang hingereluege. Da het's mi doch wungergno, ob äs bi mir, bi myne Mondchnote ou so wichtigi, läbensentscheidendi Ereignis het ggä. Mondchnote sy aschtronomischi Rhythme, wo nach öppe achtzäh Jahr wider glychi Sunne-Mond-Verhäutnis zeige. Die Rhythme hei ou z tue mit dr Sunnefinschternis.

Nu, so Läbenschnüpple han i mänge müesse löse, wes ggange isch. Mänge Chnüppu isch hüt no nid ufglöst. I ha du di astronomische Mondchnüpple aagluegt u zwar nach exakt achtzäh Jahr, siebe Monet u nüün Täg, nach sibenedryssg Jahr, nach sächsefüfzg Jahr.

Nid das ig mys Läbe wott partout mit däm vom Goethe verglyche, das de gar nid. U doch isch äs für mys Läbe interessant, was isch bi de Mondchnote bim Goethe passiert u was bi myne.

Dr erscht Mondchnote. 19. Novämber 1960. 18 Jahr u 7 Monät

Bim erschte Mondchnote (im 19. Jahr): I däm Auter het dr Goethe ä töifi gsundheitlichi Läbeskrise gha. Är isch fasch gstorbe dra. Ä rosechrüzerische Arzt het ihm ds Läbe grettet. Dr Goethe het sich mit Alchemie beschäftigt. Sys Läbe isch amene Fädeli ghange. Nid uszdänke, we das so wirkigsvoue Läbe scho denn hätti ufghört.

Mit achtzähni bin ig im Lehrerseminar Murischtaude gsi. Ig ha dört vo dr materialistische Sinnesphysiologie vom John Locke ghört: Ä Tisch git's nid, dä steue mir üs nume so vor. Ig bi empört gsi, de für mi sy das aus Würklechkeite, won ig sinnlech wahrnime. Ig bi zum Ätti ggange u ha ihm mys Dilemma gchlagt. Er het nüt drzue gseit. Zwöi Wuche später hat är mir äs schwarzes Buech ggä: d «Philosophie der Freiheit» vom Rudolf Steiner. Ig ha das Buech verschlunge und gloube, das damaus verstange z ha. Uf jede Fau isch für mi die sinnlichi Realität wider sicher.

Wil ig irgendwie immer wider gäge d Husornig vom Seminar verschtosse ha, han ig i myre freie Zyt äm Samschtinamittag äm Abwart müesse go häufe. Ig ha ä Schueschrank müesse äntrümple, um aus drin z äntsorge. Ig ha hinger ämene kaputte Glas äs Porträt vom Pestalozzi gfunge. Ä Zeichnigslehrer Würgler het zum hundertschte Todestag vom Pestalozzi, im Jahr 1927, ä schöni Schwarz-Wyss-Zeichnig gmacht. Är het sämtlichi Porträt vom Pestalozzi gstudiert, u het drus äs Kompendium gmacht. Ig ha die Zeichnig i my Bude gno u ha se mit Ryssnegeli a d Wang gheftet. Wo dr Diräkter einisch i my Bude cho isch, het är gseit, dass die Pestalozzi-Zeichnig am Seminar ghöri. Ig ha ihm gschiuderet, wie das Biud zu mir cho isch u dass das Biud jitz mir ghört. Är het das akzeptiert, wiu är kes grosses Interässe am Pestalozzi gha het. Ig aber umso meh. Später han ig das Porträt ämene Ärchäolog zeigt, wo dr Schädu vom Pestalozzi vermässe het, u är isch dr Meinig gsi, dass mys Porträt am originauschte sygi.

Ig ha mi scho früech mit äm Pestalozzi befasst. Für mi isch dr Stanserbrief wichtig. Später han ig ds Drama «Pestalozzi» vom Albert Steffen inszeniert. Dr Pestalozzi u dr Steiner si myni Konschtante i mym Läbe worde.

I däm Jahr isch my Brueder Beat mit sibe Jahr, sibe Monet u sibe Täg gstorbe. Är isch grad i dr erschte Klass gsi u isch wahrschynlich a de Fouge vo syre Chinderlähmig gstorbe. Am Tag, wo dr Beat gstorbe isch, han ig grad dr Fium «Orfeo Negro» gluegt. I däm Fium wird dr Tod thematisiert. Dr Orpheus wott syni Gliebti, wo am Karneval aus Toti vermisst wird u jitz im Hades isch, wider zrügg i ds Läbe hole. Är überchunt die Glägeheit, wen är nid zrüggluegt, ob si ihm nachechunt. Är luegt aber zrügg u si verschwindet für immer im Toterych. Warum müesse die Manne immer zrüggluege?

Ä Kamerad het am Usgang vom Chino gwartet u gseit, i söu schnäu i ds Chinderschpitau. Dört han ig dr Beat scho tot u bleich gfunge. Myni Eutere si ou scho dört gsi. Dr Beat, wo jetz tot isch, isch immer bsungers gsi. Mir hei öppe gseit, us ihm würdi de sicher ä Profässer. Doch mir hei nä nümme vom Toterych chönne zrügghole.

Dr zwöit Mondchnote. 19. Juli 1979.
37 Jahr u 2 Monät

I däm Auter het dr Goethe fluchtartig Weimar verla u isch nach Italie gflohe. Dört het är gmaut, klassischi Dänkmäler vo dä Grieche u Römer gstudiert, het die sogenannti Urpflanze äntdeckt, so näs Urbiud vo dr Pflanze, u het ds erschte Mau ä Frou ganz gliebt. Für ihn isch die Zyt läbenswichtig gsi.

Ig säuber ha mi i dere Zyt mit äm Biudigsguetschyn befasst. Die Idee han ig vom Ivan Ilich gha. Jede Mönsch söu ds Läbe lang Biudigsguetschyne vom Staat übercho, won är ganz frei dört cha ylöse, wos für ihn guet isch. So chönnti d Biudigslandschaft frei wärde vom Staat. I ha de 1980 ä Volksinitiative «für freie Schulwahl» lanciert. No hüt stuunen ig, dass ig äs denn gschafft ha, das Aalige zur Vouksabschtimmig z bringe. Ou we si nid isch aagno worde, d Idee isch formuliert worde. Ä zukünftigi Idee. Erscht we d Mönsche d Freiheit aus Kuuturfaktor verinnerliche, chönnt so nä Vorschlag Würklechkeit wärde.

Die Impulse si zentrau worde i myner Biografie. Ds Schlössli demokratisch gstaute, aber ou nach usse die Idee i dr Öffentlechkeit verbreite. So söu ds Schlössli volkspädagogisch würke.

I dieser Zyt isch dr Verein Schlössli Ins ggründet worde. Zwänzg leitendi Mitarbeiter:inne si einzigi Mitglieder vom Verein, leite dr Betrieb vom Schlössli Ins, wo vorhär mir u mym Brueder Michel ghört het. Aui Mitarbeiter:inne si jitz Aagschteuti vom Verein u i dr Leitigskonferänz het's nume Mitglieder vom Verein. Si diskutiere, impulsiere, initiiere u entscheide über aui Belange vom Betrieb. Das isch dr Impuls, wo tragend isch worde im Schlössli, so dass d Gmeinschaft het chönne ufblüeje.

I däm Summer isch dr Max Türkauf, dr Physik-Profässer u Anthroposoph, a d Summertagig cho. Är het vom Schlössli aus ächti Universität gsproche. D Schlössliposcht 79 het vo däm Ereignis bbrichtet u drin hei sich aui leitendi Mitarbeiter:inne biografisch vorgsteut.

Ig bi i dere Zyt mit dr Christa verhüratet gsi u mir hei vier eigeti Ching zwüsche füf u zäh Jahr gha u hei im Liliehof aus Läbensgmeinschaft mit dryssg Heimching gwohnt.

Dr dritt Mondchnote. 16. Jänner 1998.
55 Jahr u 10 Monät

Mit sächsefüfzgi u i de Jahr vorhär het dr Goethe sich mit äm Filosof u Dichter Friedrich Schiller verbunde. Hie het dr Goethe ä Äbebürtige glehrt kenne. Zäme hei si dr geischtig Gipfu vo dr Klassik erreicht.

I dere Zyt han ig d Glägeheit übercho, z Riga a dr lettische Universität aus Gaschtprofässer chönne z lehre. Aus Nichtakademiker u nume bärnische Primarlehrer han ig de Germanischt:inne dr Parzival vom Wolfram von Eschenbach verzeut, ä Teil vo dr Gschicht vo dr Psychologie dargsteut, die zwöuf Sinne vom Rudolf Steiner ygfüert, d Farbelehr vom Goethe erarbeitet u no angeri Vorläsige ghalte. Dä Ungerricht het mi aagspornt, Inhaute uf äs höchers Niveau z bringe. Das sy de d Grundlage für myni Büecher worde.

Im Schlössli ischs aafangs 1998 viu schwieriger worde. I ha mithiuf vomene Betriebsberater versuecht, ds Schlössli besser z strukturiere, d Löhn zytgemässer z gstaute. I ha d Leitig nöi definiert, äs het jitz Berychsleiter:inne ggä. I bi oft in Tschechie bi de Waldorfschuele oder z Riga a dr Universität gsi.

Im Schlössli het me mit äm Marko Pogačnik am Donnschtig, 23. April 1998, die erschte geomantische Steine gsteut. Ds Schwyzer Fernseh isch ou derby gsi. Das isch dr Aafang worde vo 29 Steine im Bärner Seeland.

Am 29. Juni 1998, am Müetis sym achtzigschte Geburtstag, het ds Dach vom Freyahof brönnt u d Füürwehr vo Ins het so viu Wasser müesse sprütze, dass ds ganze Huus drunger dür ds Wasser zerschtört worde isch. Drby het's nume Sachschade ggä. Das isch zuglych o näs Glück gsi, wiu mir ä maximali Versicherigssumme zuegschproche hei übercho, um das i dr Bousubschtanz nid guete Huus total chönne widerufzboue u z renoviere. Mir hei wyter ds Glück gha, dass mir mit äm Toni Stalder ä überuus kreative Architekt gfunge hei. Später het dr glych Architekt ou dr Burgunderhof ganz nöi usbboue. Mir aus Familie si de i Freyahof zoge, wo mer hüt nach über zwänzg Jahr immer no wohne.

Im Herbschtquartal hei mir mit äm Marcel u dr Dorothea Kalberer ds Bächli vo dr Naga bis zum Rägebogeinschtrumänt bboue. Dr Park isch 2001 mit äm Astchrolabium u 2006 mit äm Labyrinth, dr Jurte u de Tierkreisthrön berycheret worde.

Im Früelig 1998 bin ig in Tschechie gsi u ha i dr Akademie für sozialkünschtlerischi Usbiudig z Prag, aber ou z Nova Ves, Aschtronomie u Farbelehr ungerrichtet. Mir sy die Gebiet immer meh a ds Härz gwachse, i ha se eiget aafa formuliere. Das sy d Aafäng gsi für myni zuekünftige Büecher.

Tagebuechuszüg
Nova Ves, 8. Apriu 1998. Nun sind wir, Kamila (29), Julian (3) und Manuel (1½) schon seit letzten Freitag hier in diesem Ausbildungszentrum in Tschechien. Den wesentlichen Teil der Farbenlehre konnte ich schon den Student:innen darstellen. Alles Leute, die wirklich auch etwas wollen. Die Kontinuität der Ausbildung ist wahrscheinlich das Beste. So kann vieles untertauchen, das nach und nach eine spirituelle Grundlage bildet. Ich staune, wie die Ausbildungsleiterin Anezka alles, trotz Chaos, zusammenhält: sozial, künstlerisch, spirituell. Es ist wirklich eine Schule mit persönlicher Schulung. Die Menschen, die hier ausgebildet werden, werden in ihrer persönlichen Kreativität gefördert, gerade auch durch Theaterspiel, Malen, Singen und Kochen.

Persönlich geht es mir hier sehr gut. Ich kann wirklich unterrichten, wie nirgendwo. Kann mein Wissen vertiefen. Auch die Methodik dazu. Was immer wichtiger ist.

Mit Kamila geht es auch gut. Wir finden uns immer wieder zusammen. Die Kinder sind z. T. mühsam, dann wieder wunderbar, wie sie leben, lachen und schlafen. Sie sind schon bereits Teil von mir. Obwohl Familie und Lehrertätigkeit oft zu viel sind, um alles unter einen Hut zu bringen, so gibt es mir Sinnhaftigkeit und Geborgenheit. Wo denn sonst? Diese Wärme, die mir Kamila gibt, kann ich nirgendwo haben. Die Kinder geben mir die Gewissheit, dass ich eine Bedeutung für diese Welt habe.

Doch ich lebe stark in diesen Wissensgebieten, die ich mir mehr und mehr gründlich erarbeitet habe: Farbenlehre und Sternenkunde, so denke ich, sind Gebiete, die in ihrer Ganzheitlichkeit ich wohl erfasst habe wie kaum jemand. Das Farbenbuch wäre eigentlich fast geschrieben. Ich müsste Zeit haben, es zu bearbeiten. Es in Reinschrift zu fassen.

Das Buch konnte dann im Sommer 1998 in Velke Mesirici, im zerfallenen Haus meines Schwiegervaters, fertig geschrieben werden. Ein tschechischer Student, Pavel Selesi, hat mir dann das Layout gemacht. 2001 ist die erste Auflage im AT Verlag herausgekommen.

Im Tagebuech sy no Notize zum Farbekurs:

orangerot	**purpur**	**violett**
sinnenhaft, erdsüchtig	integriert, individuiert	asketisch, erdflüchtig
Leben im Sinnlichen	das höhere Ganze	Leben im Geistigen
Natur-Ich	spirituelle Cholerik	Über-Ich
	Integriertes Ich	
Vitalität		Spiritualität
Erotik		Mystik
Lust		Schmerz

gelb	grün	blau
freudige Energie	Harmonie	innere Ruhe
nach aussen		nach innen
Extraversion		Introversion
Sanguiniker	Phlegmatiker	Melancholiker
Zukunft	Gegenwart	Vergangenheit
Heiliger Geist	Christus	Vater Gott
	Geborgenheit	
Ich-Kraft	Wir-Kraft	Du-Kraft

Dr «Steppewouf» vom Hermann Hesse isch ä wichtige Yschnitt i sym Läbe. Im glyche Auter ou vo mir

Dr «Steppewouf» vom Hesse zeigt ä heftige Yschnitt i sys Läbe. Är isch füfzgi worde. Syni zwöiti Frou, d Ruth Wenger, het sich vo ihm la scheide. Wo dr Steppewouf a sym füfzigschte Geburtstag isch aacho, hei d Lüt gmerkt, da het sich öppis gänderet i dr Thematik, aber ou i sym Stiu: I däm genialisch ufbboute Wärk äntsteit ä Steppewoufgschtaut, wo zeigt, dass dr Mönsch mehreri Ideau cha ha, wie zum Byschpiu die liechthafti Musik vo Mozart, Händel u Beethoven, d Klassik vo Goethe u Schiller, d Romantik vom Novalis, aber angersyts sich ou zur dunkle Wäut vom Foxtrott u äm Jazz cha härezoge füele. I dere wiude Wäut lehrt dr Harry Haller alias Steppewouf alias Hermann Hesse tanze. Är lehrt ire Säubschtmordschtimmig die wunderbari Hermine, wo ihm ds Milieu uftuet u organisiert, kenne. Si organisiert ihm die schöni Marie, mit dere är die orgiastischte Nächt im Bett verbringt. Si animiert ihn, i nä riesige Maskeball yztouche. Das macht är de ou. Är ärläbt au dä Zouber u das füechtfröhliche Gschtungg i dere erotische Tanzerei. Är konsumiert Droge, wie sichs ghört i däm höueguete Trubu. Är dringt i ds magische Theater y u ärläbt dört aues, was ztöifscht i dr unbewusste Seu triebhaft glageret isch.

Das Wärk spieglet die ganzi Ungergangsschtimmig vo de Zwänzgerjahr, mit de frivole u mörderische Macheschafte vo de Faschischte. Dr Harry Haller wird i de Zytige vo de Faschischte gwauttätig aus Vatterlandsverräter dargsteut u mindeschtens verbau a d Wang gsteut. Dr Hermann Hesse gspürt scho prophetisch dr zueküenftig Chrieg.

Obwou dr Dichter eigetlech sich nid gärn politisch uf äne Syte vo Parteie gsteut het, är isch gäge d Faschischte, aber ou gäge d Kommunischte, är isch ä Chriegsgägner gsi u wird ou so vo de Nationalsozialischte aagfyndet.

Dr «Steppenwolf» zeichnet ziemlich klar dä outobiografisch Zueschtang vom Hesse churz vor sym füfzigschte Geburtstag. Är säuber entdeckt ganz neu ds Tanze, d Wäut vom amerikanische Foxtrott u Jazz. Är suecht i dere Haubwäut dr Akohol, Droge u Frouebekanntschafte. Das Läbe suecht är mit syne no immer höche Ideau z verbinde. Zum ganze Mönsch ghöre au grad die Müglechkeite drzue. Är isch näbem Mönsch ou ä Wolf.

Im mym Läbe isch die Zyt um my füfzigschte Geburtstag ou so nä Wändezyt gsi. I dere Zyt bin ig zwöimau für näs paar Wuche i dr Chefi gsi. Wäge dr Verweigerig vom Militärdienscht u vom Ziviuschutz. Ire schwäre Schlösslikrise han ig ändgüetig aus Mitarbeiter däm Schlössli gkündet, um äs paar Wuche später wider aus Heimleiter d Heimschueu us dere Krise z füere. Allerdings isch d Heufti vo dä Mitarbeiter:inne ggange u i ha nöi müesse aafa nach äm Prinzip vom «Wächsle vo de Reder am fahrende Zug». U i has doch de gschafft, dass nach öppe drü Jahr d Exischtänz vom Schlössli gsicheret isch gsi. I ha mi vo myre erscht Frou trennt u mir hei üs später la scheide. Si isch i däm Konflikt uf dr angere Syte gsi.

Nach dr Trennig vo myre Frou het's aagfange, dass ig, i myre Einsamkeit u i mym Lyde a dä eigete Schwächine u konfrontiert mit dr ständige Herusforderig vom Ufbou u vor exischtänzielle Sicherig vom nöje Schlössli, mi mit äm Nietzsche ha beschäftigt. Viu vo myne Ideau hei sich als verloreni Illusione usegsteut. Dr Nietzsche het mir guetta. «Nur Mittelmässige», so seit är, «leiden nicht». I bi zu Höcherem beschtimmt u darf nid wehlydig si. Ig muess mym Ig, mynere höchere Beschtimmig fouge.

Dr Nietzsche het mi ou glehrt, nit dr mittelmässige Moral z fouge, sondern das z mache, was für mi grad richtig isch. I bi nie ä Froueheud gsi. Aber i dere Zyt sy mir Froue nume so zuegfloge. Sygs bi Tagige im Usland, sygs i mym Umfäud, i has gnosse, zur glyche Zyt nid nume ei Frou z liebe, sondern näbenang zwöi, drü. I ha zwar jedere Frou scho äm Aafang gseit, dass ig weder e feschti Beziehig meh wöu, no dass ä Hürat i Frag chiem. I stuune, wen ig hüt i mym Tagebuech vo de wiude Briefe lise, wo mir enang gschribe hei, und wien ig's tribe ha. I has gnosse, mi mit Froue ztöifscht z verbinde, mit ihne Reise z mache, Usschtellige z bsueche, Konzärt u Opere z lose, d Natur z gniesse. I bi aber ou alleini i dä grosse Stedt desume gstrielet u ha Abentüür gsuecht u mängisch ou gfunge. Für mi ä verruckti Zyt: Heimleiter z sy u glichzytig äs wiuds Läbe z füere.

Das het öppe drü Jahr so duuret, bis ig d Kamila, my jtzigi Frou, ha kenne glehrt. Mir sy hüt scho über füfezwänzg Jahr verhüratet. Am Aafang vo üsere Beziehig isch äs überhoupt nid klar gsi, dass mir beidi de mau wärde hürate. Da sy glychzytig no angeri Froue umenang gsi. Doch im Herbscht drüenüünzg isch äs üs klar gsi, dass es üs ärnschter wird. I ha das dä angere Froue ou kommuniziert. Ire Esoterik-Mäss het mer ä Wahrsagerin us dr Häng gläse u usegfunge, dass ig mi exischtentielli Beziehig ufglöst heig u das ä nöji Linie uf myre Hang vo rä wichtige Verbindig brichtet. D Kamila isch i my Wohnig zoge. Gli, im Summer druuf, hei mer ghürate. I bi zwöiefüfzgi gsi u d Kamila füfezwänzgi. Nüün Monät später isch dr Sohn Julian uf d Wäut cho, angerhaub Jahr später dr Manuel u no einisch füf Jahr druuf üsi Tochter Alma. Üses Eheläbe isch nie eifach gsi, aber mir hei üs immer wider Müei ggä, u heis gägesytig schön gha. Äs isch eigetlech erschtuunlich, wie us dene viune Froue d Kamila isch usegwachse. Eini vo ihrne Motivatione isch immer gsi, zue mer z luege. Das isch hüt no meh dr Fau aus früecher.

Mi mahnet das im Verglych zu mym Läbe a di nöji Beziehig vom Hermann Hesse, a d Ninon Dolbin. Zum Hesse isch die Frou cho, wo viu jünger isch gsi aus är. Si het gwüsst, dass äs schwierig isch, mit ihm z läbe.

Si het müesse akzeptiere, dass dr Hesse fasch immer het müesse äleini sy, um wyter chönne z dichte. Si hei du später ghürate. Si, aus gschydi Kunschthischtorikerin, het nä uf syne Läsereise begleitet u isch nach sym Tod Erbin worde vo däm wäutwyte Wärch.

I ha i mym Tagebuech Tägschte gfunge, won ig mi mit de Gedanke vom Nietzsche aafründe. Für mi damaus ä Läbenshiuf. I dokumentiere nachfougend Tagebuechuszüg. I gibe se schriftdütsch wider, damit si outhäntischer würke.

Place de Tertre, Paris, 1. Juni 1990. Seit Tagen studiere ich Nietzsche. Eine ehemalige Mitarbeiterin hat mir ein Buch mit Weisheiten von Nietzsche geschickt. Er passt äusserst gut zu meiner Lebenslage: Ich habe viele Illusionen verloren. In Bezug auf meine Ideale, auf mich selbst, auf meine Arbeit. Nietzsche tut mir gut, weil er auch ein Leidender ist. Nur Mittelmässige, so sagt er, leiden nicht.

Vor dem Centre Pompidou, Pfingstsamstag 1990. Ich las gerade in Aphorismen von Nietzsche. Es gibt mir den Mut, meinen Weg von innen heraus gehen zu können. Ich muss dazu stehen, dass ich ein Besonderer bin, im Sinne von Nietzsche: eben auch ein Leidender. Ich bin kein Mittelmässiger. Nicht, dass ich vollkommen bin. Nein, vieles an mir ist niedrig. Doch ich bin zum Höheren bestimmt. Ich muss das von innen heraus ausstrahlen. Ich muss dazu stehen. Ich darf aber nicht wehleidig tun, wenn dieses Höhere Leiden verursacht. Ich muss meinem Ich, meiner Bestimmung folgen.

Nietzsche gibt mir Mut zur Kraft. Ich darf meine Kraft leben. Darf auch etwas tun, was die Mittelmässigen bekämpfen werden. Die Mittelmässigen müssen das Ausserordentliche bekämpfen. Die Herde will das Ausserordentliche ausmerzen. Und doch braucht es diese Führerschaft. Doch die Führerschaft muss stark sein. Von innen heraus.

Dies lehrt mich neu Nietzsche. Ist das etwas Antichristliches? Weil gerade Christus durch Machtlosigkeit mächtig wirkte. Und doch: Auch Christus verjagte die Händler und Geldwechsler aus dem Tempel. Ist es Blasphemie, wenn ich das Mittelmässige aus dem Schlössli werfe, um wieder der Schlössli-Idee dienen zu können. Ich muss lernen, als Leidender stark wirken zu können. Ich will das sein, was ich jetzt in meiner Funktion bin: Heimleiter, Führer. Nicht als Führer, als Projektion der Mittelmässigen. Sondern ich muss das tun, was ich als richtig erachte. Dass ich nicht ständig die Legitimität von der Herde erwarte. Ich tue nicht das, was die Herde will, sondern das, was ich will.

Es wird dies nicht zum Jubel meiner selbst führen. Ich werde dort unverstanden bleiben, wo ich der Herde nicht folge. Dieses Elitedenken, das mir Nietzsche zuruft, habe ich schon lange. Im Grunde bin ich in meinem Innersten ein Antidemokrat. Dieser Glaube, dass jeder gleich viel Rechte haben soll, darf sich nur in den allerselbstverständlichsten Dingen abspielen: vor dem Gesetz. Im Geistigen gilt das Gesetz des Ausserordentlichen. Der Gewöhnliche, der Mittelmässige hat sich dem Höheren unterzuordnen. Hierarchie im Geistigen ist so etwas Selbstverständliches, wie das

Blau des Himmels und das Rot des Sonnenuntergangs. Jeder sieht es mit eigenen Augen. Und doch braucht es eben diese Phänomene, die selbstverständlich sind. Hier in goethescher Art: aufgehellte Dunkelheit in Blau-Violett. Abgedunkelte Helligkeit in Rot-Gelb.

Nietzsche gibt mir Kraft zum Alleinsein. Nur das All-Eine ist frei und hat die Kraft aus sich selbst, das heisst aus dem All, das eben das Eine ist, zu schaffen. Nietzsche ermutigt mich zur Stärke über das Schwache, auch über das Schwache in mir. Ich will mich nicht schwächen durch meine Schwächen, sondern stärken durch meine Stärken.

Café des Halles, Pfingsten 1990. Ich bin in einem Café im Quartier des Halles und lese Nietzsche. Eigenartig und dies an Pfingsten. Dem Fest der Gemeinschaft, des Sichverstehens. Nietzsche ist kritisch. Nicht das Gemeinsame macht stark. Sondern das Einsame, das Leidende, das durch Missverständnis Verachtete.

Wenn ich Nietzsche lebe, dann denke ich lieber an Karfreitag, an Marter, Verhöhnung, an Schmerz und Leiden. Doch darin ist eben auch Stärke, weil das Leiden von andern unabhängig macht. Der Leidende ist allein, wenn er nicht Mitleid erheischt. Dort, wo der Leidende echt ist, ist er allein und will keine Hilfe. Er muss alleine durchs Nadelöhr. Das Kreuztragen, das Gekreuzigtwerden muss jeder selbst auf sich nehmen. Unsinniges Leiden, das Mitleid erheischt.
Also nicht Pfingststimmung ist in mir, sondern Karfreitag. Denn so wie ich im Moment gehasst werde, wie ich verleumdet werde, wie ich verspottet werde,

ist Karfreitag. Dabei erlebte ich am letzten Karfreitag die Matthäus-Passion von Bach als Direktübertragung aus Leipzig am Radio. Ich verfolgte den Text in der Bibel. Diese Karfreitagsstimmung ist immer noch in mir. Ich muss durch diesen Tod hindurch. Nietzsche hilft mir dabei. D. h. Hilfe nur als Selbsthilfe. Er macht einem Mut, dass jeder sich selbst helfen kann und muss. Jede echte Karfreitagsstimmung sieht noch keine Helligkeit in der Tunnelröhre. Und da bin ich schon weiter. Oder ist es Illusion? Ich spüre in mir, wenn ich Nietzsche lese, eine Kraft. Diese verspricht mir allerdings kein Ende des Leidens. Vielleicht das Ende des Ideals. Ich suche die Wahrheit. Das Leben muss immer neu hinterfragt werden. Es ist kein Ruhekissen.

Ds individueu Anarchistische, säuber ärläbt

Am dryssigschte Jänner zwöituusiguvierzäh bin ig imene Büro z Bärn ghocket u me het mir gseit, dass d Schlösslischueu mit Staatsmacht Ändi Juli vierzäh gschlosse wird: So banal vore Bürokratin usgsproche, so vernichtend. I bi verzwyflet useggange u ha uf dr Münschterplattform ggrännet. D Schliessig vom Läbeswärk vo Ätti u Müeti, vo mir, eifach dür nä Füdlebürgererlass zerstört. Si hei vo Bärn Liquidatore gschickt, wo bis zur Schliessig systematisch aues zerstört hei, Ching i angeri Heim gschickt, Adresskarteie vo Tuusige Ehemalige vernichtet, mir äs Huusverbot zu dä Schlösslihüser ggä. Die Füdlibürgerbürokrate hei aus vernichtet, bbrönnti Ärde us äm Schlössli gmacht, dass zuekünftig nie meh druffe cha ä Schueu entsta.

Im Heim het sich die bösi Staatsmacht so usgwürkt, dass Mitarbeiter:inne u Mitglieder vom Vorschtand vom Verein Schlössli Ins, mit dene ig jahrelang i Fründschaft verbunge bi gsi, uf einisch bös sy gsi uf mi. Ig aus widerschtändische Anarchischt bi dr Gägner gsi vo dene Füdlibürgerlüt, wo us Egoismus sich dere Macht us Bärn ungergordnet hei.

Äs syg hie no ergänzt: Ig ha ja Huusverbot gha i de Schlösslihüser, wo dr Stiftig Seiler ghöre. U ig bi dr Präsidänt vo dr Stiftig. Aus Immer-no-Leiter vo üsem Ärzieherseminar bin ig schnäu i ds Büro, um Ungerlage für ä Ungerricht ga z hole. Ohni das ig öppis gwüsst ha drvo, isch im Vorstang vom Verein Schlössli Ins über my Bsuech im Büro diskutiert worde. Einigi vom Vorstang sy dr Meinig gsi, me söu mi wäge Huusfriedensbruch aazeige. Dr Präsidänt u angeri hei de Aatrag aber abglehnt. Dr Präsidänt isch a ds Wäutfuessballschpiu nach Südamerika. Äs Jahr später überchumen ig vo dr Polizei ds Ufgebot, mi bi ihre z mäude wäge Huusfriedensbruch. Ig ha die Aaschuldigung abglehnt u so bin ig de wäge dere Sach vom Gricht vorglade worde. Dört isch aber ou dr synerzytig Präsident vom Verein Schlössli Ins gsi. Mi het de chönne feschtschteue, dass die Aazeig mit nid berächtigte Ungerschrifte yggä worde isch. U ds Gricht het die Aazeig zrüggzoge.

Wie han ig eigetlech die Kataschtrofe zwöiesibezgjährig überläbt? Ig ha uf dä Quasi-Ruine vo üsere Schueu gluegt, was me Nöis i dene zwänzg Hüser cha mache. I ha mir jede Tag gseit, dass ig nid wott hadere mit dene Füdlebürger. Dass si Böses u Zerschtörerisches i d Wäut gsetzt hei, isch ihri Sach. Si müesse das mit sich säuber usmache. Mira spätischtens i ihrem Kamaloka, im Nahtodliche. I ha mi nid wöue belaschte mit Hass gäge myni Peiniger. I bi zwar no nid so wyt, dass i manichäisch, auso nach dr Lehr vo Liecht u Finschternis, ds Böse gärn ha mit dr Devise: «Liebt das Böse gut.» Doch i wott mi i däm Gescheh nid nume aus Manipulierte gseh. So viu Säubschtvertroue han ig de no. I säuber bi ou ä Teil vo däm Drama. D Frag chunt uuf: «Warum het's grad mi bbreicht?» Das het äbe ou mit mir säuber z tue. U a däm chan ig schaffe. Das isch mis eigete Revier, wo mir niemer dryredt, won ig säuber Herr u Meischter bi, won ig säuber zum Rächte luege cha u wott. Die Arbeit mit mir säuber het mi grettet. Mi seit däm Resilienz, die Chraft, wo eim hiuft, z überläbe. I ha Glück i mym Läbe gha, dass i au die Chraft ha chönne ufboue, i dr Natur, i dene füfedryssg Jahr aus Heimleiter, i myre politische Zit, i myre Begeischterig für d Farbe, für d Stärne, für dä Zämehang zwüsche Pestalozzi u Steiner, für d Parzivalgschicht, für mys Wärmebüechli, für myni Bärndütschbüechli, wien ig das aues i myne Bücher beschribe ha. Das aues het mi grettet.

U de chunt mir bi dere Glägeheit die Gschicht vom Baron von Münchhausen i Sinn. Är, wo scho so viu Aabentüür überläbt het, het ou das gmeisteret: Är isch mit sym Ross i nä Sumpf cho. U är het gmerkt, dass är hie bodelos mues im Sumpf versinke. So isch är gsunke u gsunke. Obwohl är lut grüeft het, niemer isch ihm cho häufe. Da chunt ihm ä geniali Idee. Vilecht die genialschti, won är je het gha: Är het sich a sym Schopf, samt Ross, us däm bodelose Dräck usezoge. So liecht u so schwär isch die Problemlösig.

Äm töifschte Punkt i mym Läbe luegt mi äs Büechli über d Rosechrüzer aa

Am vierte Juli zwöituusiguvierzäh chunt's zum Ändi vo dr Heimschueu Schlössli Ins, wo Ätti u Müeti ggründet hei, won ig füfedryissg Jahr gleitet ha. A däm Tag isch Schueuändi u d Ching u d Mitarbeiter:inne wärde ändgüutig entla, die inqusitorischi staatlichi Schliessig vom Schlössli wird Würklechkeit. I säuber ha a dere Schlussfyr nid chönne teilnä. I ha ja Huusverbot i de Schlösslihüser gha.

A däm Tag bin ig töif truurig nach Bärn gfahre. Ds Wärk vom Schlössli, wo so viu Ching u Erwachsnigi hei über Jahrzähnte am Läbe erhaute, isch Gschicht worde. I bi verzwyflet gsi u ha natürlich ou nach däm gsuecht, was i säuber zu däm Ungergang ha bytreit.

I ga z Bärn i die anthroposophischi Buechhandlig Anthrovita a dr Märitgass. Won ig über ä Büechertisch luege, äntdecken ig äs purpurnigs Büechli mit äm Titel «Auf den Spuren von Christian Rosenkreutz im dreizehnten Jahrhundert» vo dr Französin u Architektin Isabelle Val de Flor. Uf äm Titubiud isch äs Rosechrüz. I choufe, ohni überhoupt ychezluege, das Büechli u ga a Bäreplatz i nä Beiz u lise während Stunge ds ganze Büechli vo hundertvierzg Syte.

Scho i dr Yfüerig verzeut d Isabelle, dass ihre bi dr Forschig über ä Christian Rosenkreutz im dryzähnte Jahrhundert vor auem zwöi Pärsönlichkeite äntscheidend ghuufe hei: dr Paul Alexis Ladame, gstorbe im Jahr zwöituusig, u dr Robert Seiler, dr Ätti, gstorbe zwöituusigueis. Das het mi fasch umghoue: Was, dr Ätti isch Informant gsi für eini vo dä wichtigschte Frage innerhaub vo dr anthroposophische Wäut? Dr Ätti het mir nie drvo bbrichtet.

U was verzeut de das Büechli? Viu! U die, wo das würklich interessiert, chöi jitz wyterläse. Am Schluss cha me de gseh, was d Bedütig für mi isch gsi, am töifschte Punkt vo mym Läbe, grad uf äs settigs Büechli z stosse. Bin ig gstosse oder zoge worde? I weiss äs nid.

Ds Grundmotiv vom Büechli si Vorträg vom Rudolf Steiner am sibenezwänzigschte u achtezwänzigschte Septämber nüünzahhunderteuf z Nöieburg. Dört git dr Steiner ä ganz nöji Perschpektive in Bezug uf d Rosechrüzerbewegig: I dr zwöite Heufti vom dryzähnte Jahrhundert heige sich zwölf Verträter vo de atlantische u nachatlantische Kulturimpulse amene Ort in Europa zämeta, um ämene dryzähnte, ämene Jüngling, au die Wysheite vo dr Mönschheitsgschicht la ufznä. Dä Jüngling het scho Erfahrige gmacht i früechere Läbe, unger angerem zur Zyt vo Chrischtus. So isch dä Jüngling zum Wysheitsträger vom ächte Chrischtetum worde. Das isch ä Vorinkarnation worde zum historische Christian Rosenkreutz. D Frag für Isabelle Val de Flor isch jitz gsi, wo dä Ort isch vo dere Yweihig dür die zwölf Weise. Si isch nid zletscht düre Ladame u dr Ätti uf das Chloschter Gottstatt im hütige Orpund, öschtlich vo Biel, cho.

Si zeigt ylüüchtend, dass i däm glyche dryzähnte Jahrhundert d Katharer ufs Heftigschte vo dr Rom-Chile sy verfougt worde. Am sächzähnte März sy unger dr Burg Montségur zwöihundertfüfezwänzg Katharer verbrönnt worde. Si hei gseit, dass me se zwar chönni verbrönne, aber i sibehundert Jahr syge si de wider da. Einigi vo dene Katharer, wo überläbt hei, sy i ds Seeland i dr Schwyz gflüchtet u hei sich de unger äm Schutz vom Graf Rudolf I von Nidau (1201–1258) hie agsidlet. Dä Jüngling chönnti äs Ching gsi sy vo dene Katharer us Südfrankrych. Ds Chloschter Gottstatt isch vom Graf Rudolf I von Nidau i dere Zyt ggründet worde.

Im zwöite Vortrag schiuderet dr Steiner d Rosechrüzer. Si verträte äs Chrischtetum, wo aui Religione drin Platz hei. Die ächte Rosechrüzer träte nid aus Organisation uuf. Si faue nid uuf, weder mit dr Chleidig, no im Verhaute. Si sy engagiert aus Pfleger:inne, Lehrer:inne, Erzieher:inne, Künschtler:inne, Landwirt:inne u Ärzt:inne. Si wei zur Heilig vo dr Ärde u vo de Mitmönsche bytrage. Ä Rosechrüzer würd nie säge, är syg ä Rosechrüzer.

Rosechrüzer wird me, wem e vor äm Abgrund steit u nümme weis, wies wytergeit. Mit dere Art vo Todesärläbnis cha me i Verbindig cho mit dr geischtigi Wäut.

Das u no viu meh han ig i däm Büechli gläse. Grad zur richtige Zyt. I ha de säuber no nid gwüsst, wie's wytergeit. Doch i bi de später vor dä lääre Schlösslihüser gstange u ha gwartet, wär jitz i die Hüser chunt cho wohne. Hüt, nach nüün Jahr, hei mir äs nöis Schlössli mit über hunderfüfzg Mönsche u dryssg Projekt.

D Chindheit

Ig ha Hüttene bboue i üsem Park. Uf äm Bode, unger dr Ärde u uf de Böim

Was isch das, we Ching u Jugendlichi Hüttene boue? Das han ig mi damaus nid gfragt, won ig's gmacht ha. I has eifach gmacht. Das Boue vomene eigete Ruum i jedere Freizyt. U das jahrelang. I bi nid usgsproche handwärklich begabt gsi. Doch mi het's eifach gmacht wies ggange isch. Ohni Aaschpruch a Perfektion.

Ä Zyt lang sy mer i d Ärde abe. Im Park isch ungerem Humus scho baud dr Sangschtei cho. Dä isch aber nid hert gsi. Mi het nä guet chönne abchratze. I zwe Meter Tiefi ä Höhli uschratze u ds Usgchratzete i Chessle wider i d Höchi bringe, da het mi meh aus eine zum Häufe bruucht. Ds Cherzeliecht oder ds Taschelampeliecht isch gheimnisvou gsi. I ha scho früe aus Ching Höhline gsuecht, wo mängisch nid viu grösser gsi sy aus ig säuber. Dört bin ig de öppedie lang bblibe u ha myni Gedanke la loufe. Das isch de zwar oft ä chli füecht gsi, aber wohlig u heimelig. Isch das äs Zrügg i Mueterbuuch gsi? Zur Urmueter Ärde. A das hätt ig damaus natürlich nid ddänkt. Aber bym Hütte-u-Ruum-Schaffe isch äs doch drum ggange, dr eiget Lyb z boue, sich z verkörpere, sich z inkarniere.

Hütte uf äm Bode hei natürlich de ou ä aute Chochherd gha. Dört het me de gfüüret u het d Wermi gnosse. D Hüttene uf äm Boum hei scho äs grössers Gschick bbruucht. D Ussicht isch wichtig gsi, u mi het Leitere chönne ufezie, damit dr Fynd eim nid het chönne aagryfe. Ig bi no hüt erschtuunt, wie guet u sicher me uf dene Escht isch desumegchlätteret. Dür das, dass me uzähligi Mau ueche- u abegchlätteret isch, isch das, wie mer gseit hei, äs Chinderschpiu gsi.

Viu später, i bi scho Heimleiter gsi, han ig ä Achtklässler gha, är isch ällei vom Vatter ufzoge worde, d Mueter isch drvo gloffe. Dä het ou so nä Boumhütte bboue u het vo mir d Erloubnis übercho, dört obe z wohne, so lang wie är het wöue. Guet isch gsi, dass ig nid ä Behörde drfür ha müesse frage. Äs isch eifach notwändig gsi für ihn. Dört het är sys eigete Heim bboue. Won är de sogar ä auti Badwanne uf ä Boum zoge het, um dört drin z bade, han ig dänkt, jitz het är sy Ruum zum Läbe gfunge. Är isch schüsch drum chuum drzue z bringe gsi, sich z dusche.

Aber das isch no nid aues gsi. Är het ä Fründin gfunde. Si isch ä Chopf grösser gsi aus är u het ihm d Chleider gwäsche u de scho baud ou bi ihm i dr Boumhütte gwohnt. Ou das han ig keinere Behörde muesse säge. Aber däm Giu het's guet ta. Är het sogar ä Ersatzmueter gfunde. Ig bi begeischteret gsi vo dere Säubschttherapie. Nid das ig das de hätti veraugemeineret. Üsi Ching im Schlössli, wo mängisch us schwierige Verhäutnis sy cho, hei oft grad ds Richtige gmacht, we me se het la mache. U für das isch ds Hütteboue guet gsi. Dr Mönsch bruucht Hüuine, won är sich drinne wou füeut. Ds eigete Ig isch nume wou, wes passt. D Seu u dr Läbeslyb u dr physisch Lyb sy Hüuine, wo bis zwänzgi parat müesse sy für die exischtenzielli Y-Wohnig vom Ig. Die Hüuine sy nid perfekt. Mi het no äs ganzes Läbe dranne z boue. Aber üebe cha me das scho, idäm me Hüttene bout.

Reise

Über d Gränze, dä Gleis naa, illegal, aber legitim

Für nä Anarchischt wie mi sy politischi u ou schüschtigi Gränze müesam. Da gäbs viu Byschpiu, aber eis wiu ig öich verzeue. I dr Zyt, wo ds Schlössli z Südfrankrych, im Feirefis, immer ä Schueuklass het gha, bin ig viu znacht mit äm Zug nach Südfrankrych gfahre. Damaus het me no z Nöieburg am Aabe am achti chönne yschtige u z Nimes am zwöi äm Morge usschtyge.

So bin ig ou einisch wider i däm Zug ghocket. Aber scho vor Lausanne han ig gmerkt, dass ig dr Pass deheime vergässe ha. I ha mi schnäu berueiget. Wiu dä Zug ja z Gänf düregfahre isch u mi het bim Ufenthaut z Gänf nie öpperem müesse dr Pass zeige.

Aber z Gänf isch äs hüt angersch: Mi het us äm Zug müesse usstyge, u uf äm Perron i glych Zug wider ystyge. Irgend öppis hei si wöue kontrolliere. I bi a d Passkontroue cho u ha gseit, dass ig mi Pass deheime vergässe heig, aber i mües dringend nach Südfrankrych, dört warti Ching uf mi. Das het dene Kontrollöre nid Ydruck gmacht u si hei gseit, i mües de morn am Morge i näs Büro, wo jitz scho gschlosse sygi.

I bi zrügg u ha dr Zug uf dr angere Syte vom Gitter gseh. U i ha gwüsst, dass dä Zug scho baud abfahrt. I ha blitzschnäu, nid wie nä Bärner, überleit: I bi uf äm Perron, wo my Zug steit. U die Gleis uf beidne Syte müesse vorne irgendwo zämecho. So bin ig so schnäu wien ig ha chönne – dr Sportler bin ig nie gsi – äm Gleis naa nach füre gsecklet. I weiss nid, ob mi d Polizischte gseh hei, aber i bi äbe wie nä Blitz gsecklet. U de, tatsächlech, die Gleis si zämecho. U dört gsehn ig ou scho my Lokomotive uf dr angere Site vom Gitter. I weiss nid, was dr Lokomotivfüerer ddänkt het, won ig vo vorne bi cho springe. Schnäu bin ig i erscht Wage ygstige u scho het's pfiffe u dä Zug nach Frankrych isch losgfahre. Ä Pass han ig nümme müesse zeige. I ha ja d Gränze, natürlich illegal, überschritte. «Legal, illegal, scheissegal» han ig dänkt – u ha mi gfröit.

Won ig de wider zrügg i d Schwyz gfahre bi, natürlich immer no ohni Pass, jitz wider mit däm internationale Zug, wo znacht am zwöi Nimes gäge d Schwyz verla het, han ig z Gänf nümme müesse usstyge u mi het dr Pass nid müesse zeige.

I däm Zämehang chunt mir no ä angeri Gschicht i Sinn. Mir hei ja im Schlössli die schwierigschte vo dä schwierige Ching gha. De einisch hei mer ä vierzähjährige Gieu us La Chaux-de-Fonds gha. Är het scho Einiges uf äm Chärbhouz gha – Ybrüch, Diebschtäu – u isch überau drvogloffe. So isch är de zu üs cho. Äs Zytli isch äs guet ggange. Ihm het vor auem ou d Zyt im Feirefis i Südfrankrych gfaue. Doch irgendeinisch isch är wider abghoue u isch z La Chaux-de-Fonds desumegstrielet. Är het wider delinquiert, mi het nä gfasst u de isch er wider uuf u drvo. Mi het nümme gwüsst, won är isch u mi het nä international gsuecht. De überchumen ig äs Telefon vom Feirefis. Är syg i dr Nöchi imene verlassnige Huus gseh worde. I bi sofort mit däm internationale Zug, wo mer jitz scho chli kenne, znacht nach Nimes. Jitz mit ämene Pass. Dört het me mi am Morge äm zwöi abghout. Nach äm Zmorgeässe im Feirefis bin ig i das verlassnige Huus u ha dä usgryssnig Gieu dört aatroffe. Är het nid Hunger gha. Üsi Ching hei ihm gnue z ässe zuegschuflet. I ha ihn gfragt, was är jitz wöu. Ihm ischs längwylig gsi u är het chaut gha. Är het zrügg i d Schwyz wöue. I ha ihm gseit, dass ig das wöu organisiere. Ig chöm mit ihm.

Scho si mer wider am Morge am zwöi z Nimes gsi. Wider im internationale Zug gsässe u gäge Gänf gfahre. Dir kennet ja dä Zug ou scho bis gnue. Z Gänf sy mer beidi usgstige, denn mir hei abgmacht, dass ig ihn dört dr Polizei müessi übergä. Chum sy mer usgstige, hei üs zäh Polizischte umringt u hei üs i näs Polizeiouto verfrachtet. Mit Alarmsignau sy mer schlussändlich i näs ungerirdisches Polizeigebäude gfüert worde.

Dört het me mir gseit, dass me unbedingt het wöue verhingere, dass de Gieu wider abhout. I ha de vo däm Gieu später nüt meh ghört.

No ä dritti chlyni Gschicht, wo hie drzue passt: Dr Ätti isch aafangs Sächzgerjahr, wo mer ersch afe dr Summer dür im Feirefis gläbt hei, öppe mit däm glyche Nachtzug nach Südfrankrych gfahre. Z Nöieburg het är am Kiosk immer ä Krimer gchouft u het de dä uf dr Zugfahrt nach Nimes gläse. So het's im Feirefis i Ättis Bibliothek immer meh Krimer ggä. Doch einisch sy im Winter, wo niemer vo üs dört isch gsi, Diebe i ds Huus ybbroche u hei aues gstole, was nid niet- u nagelfescht isch gsi. Ou äm Ätti syner Krimer.

Dr Ätti isch sofort abe gfahre u isch i dr benachbarte Stadt Alès i näs Antiquariat. Dört het är syner Krimer gfunge. Mit dr Polizei zäme hei si de schnäu usegfunge, wär die Krimer däm Antiquar verchouft het. So hei sozägä Ättis Krimer dä Kriminaufau schnäu ufdeckt. U so hei die Krimer ä wyteri Kriminaugschicht gschribe. Aues het aber mit däm ominöse Zug z tüe gha, wo über Gränze gfahre isch. U kriminеu si ja die Lüt, wo die legale Gränze nid anerchenne. Mängisch mues me illegal handle, aber äs muess legitim sy.

Wie mir däm hundertjährige Katharer Papscht, Déodat Roché, i dä Pyrenäe begägnet sy

Ig bi mit de Nüüntklässler vom Schlössli immer wider i dä Pyrenäe gsi, um d Katharergschicht z studiere. De hei mer znacht i dr Ruine Montségur i de Schlafseck gschlafe. I ha nä verzeut u mit dr Gitarre Liedli gspiut. Das het i dene Muure fei e chli tönt. Vorhär si mer no uf de Muure gstange u hei uf ds Dörfli Montségur abegluegt u dr Sunneungergang bestuunt. Einisch hei mer grad Voumond gha. D Sunne isch im Weschte ungergange u dr Voumond glychzytig hundertachtzg Grad i Opposition im Oschte ufggange. Das isch äs Fescht gsi i dene aschtronomisch usgrichtete Muure. Natürlech hei mer ou uf das historisch bekannte Champ de Crematsch abegluegt. U dass die zwöihunderfüfezwänzg Katharer vor ihrem Tod gseit hei «Dir chöit üs töde, aber i sibehundert Jahr sy mer de wider da» het üs Ydruck gmacht.

Mir sy de no i die prähistorische Höhline vo Niaux mit dene wunderschöne Tiermalereie zmitts im Bärg. Uf dr angere Site vom Bärg sy mer i d Höhline vo Lombrives, wo sich d Katharer vor de inquisitorische Hüng des Herrn, dä Domini canes, versteckt hei.

Dr Ätti het scho lang d «Cahiers d'études cathares», vom Déodat Roché useggä, abonniert gha. Das sy i dä sächzger Jahr fasch die einzige Publikatione gsi über d Katharer. Mi het äm Déodat Roché ou Katharerpapscht gseit. Är isch über hundertjährig worde. Obwou dä Name aues angere aus zueträffend isch gsi. Denn äs isch synerzyt ä Papscht gsi, vo dä Chrieg gäge d Katharer genozidmässig het aazettlet. Dr Déodat Roché het sich ou nie so gnennt.

I de sibezger Jahr han ig's aber wöue wüsse: Mit mynere erschte Frau, dr Christa, bin i mit äm Döschwo i d Pyrenäe gfahre. I ha gwüsst, i welem Dörfli dört unger dr Roché wohnt. Nämlich in Arques. Mir sy am Namitag aacho u hei dört bimene Herrschaftshuus glütet. Ä euteri Frou isch usecho u het üs gfragt, was mir wöue. «Eh, dänk dr Monsieur Roché bsueche.» Die Frou het gseit, dass das nümme müglich sygi. Är syg z aut drzue. Ig ha aber nid lugg gla u gseit, mir syge Anthroposophe u wöue ihn unbedingt bsueche. Die Frou isch yche verschwunge. U äs isch ä Viertuschtung ggange, bis si wider usecho isch u gseit het, mir söue ychecho. Das hei mer de ou gmacht. Mir sy i nä Salon gfüert worde. U tatsächlich, mir gseh ä aute Mänu, chli bring, aber mit pfiffige Ouge. Dä seit üs, är sygi ou Anthroposoph u Mitglid vo dr Anthroposophische Gseuschaft. Syni Mitglidscharte syg pärsönlich vom Steiner ungerschribe. Är het sich du a Sekretär häregmacht u het i de Schublade gnuuschet. Äs isch äs Zytli ggange. U de tatsächlich, mit Stouz zeigt är syni Mitglidcharte, mit dr Ungerschrift vom Steiner. Mir si damaus jung verhüratet gsi u är het gseit: «Won ig so jung bi gsi wie dir, i bi scho Advokat gsi, han ig mi i nä wunderhübschi Frou verliebt. Si isch scho bau schwanger worde. De heimer haut ghüratet. U di Ehe isch so guet gsi, wie si gsi isch.» Är aus fasch Hundertjährige het üs verzeut, wie är aus jung sich scho mit de Katharer beschäftigt het, wo sich no chuum öpper für die Minnechile intressiert heigi. U syni Ouge hei glüüchtet, won är verzeut het, dass d Katharer für die freiji Ehe ohni Staat u Chile syge gsi. Das heig ihm Ydruck gmacht. Das seit ä ehemalige Advokat. Mir hei no lang bbrichtet zäme. Är isch ä Troubadour gsi. Är het i syne «Cahiers» über die Minnechile begeischteret verzeut. Mir sy du ggange u hei gschmunzlet: Dank däm, dass mer gseit hei, mer syge Anthroposophe, het är üs empfange. Mir verzeue süsch chuum öpperem, dass mir Anthroposophe sygi. Hie het's aber gnützt.

«Die nöje Ching» im Hochhuus a dr pädagogische Hochschueu u die ungerirdische Gäng in Kiev

Vor Jahre bin ig vo dr Sophia-Waldorfschueu z Kiev yglade gsi, um dört ä pädagogische Kurs z gä. Für mi isch das interessant gsi, wius i dere Schueu sprachlich verschideni Klasse ggä het: ukrainischi u russischi. Das isch zäme ggange. Ds Ukrainisch isch aber vorherrschend gsi. Äs isch no kurz nach dr Unabhängigkeit gsi. Viu het müesse improvisiert wärde. I bi yglade worde vo Eutere. Dört han ig ärläbt, was Gaschtfründschaft bedütet: üppigs u lang aaduurends Ässe. Ds Beschte vom Beschte. Drbi sy di Lüt nid öppe rych gsi.

I ha die Höhlechlöschter bsuecht. Ydrücklich, stungelang i dene Höhline dürezloufe. Überau Cherzeliecht, Grabstättine, Autär, Heiligebiuder. Die Aalage sy us em zwöufte Jahrhundert. I weiss no hüt nid, warum grad so ungerirdisch. Isch äs d Mueter Ärde, die katakombischi Wohnschtätt vo Glöibige?

Im Gägesatz drzue die pädagogischi Hochschueu höch obe: imene Woukechratzer. Im füfte Stock isch d Oula gsi. Zersch bin ig no bim Räkter i sym Büro gsi. Ig ha natürlich müesse Wodka trinke. De bin ig i d Oula cho. Dört si vierhundert Studänt:inne gsässe. Vili uf äm Bode, wius zweni Stüu gha het. Dr Räkter het gmeint, we de scho ä Profässer us dr Schwyz chömi, de söue müglechscht viu cho für di Vorläsig.

Nu, die Vorläsig vom «Profässer Seiler» isch de ou für die Studänt:inne ugwohnt gsi: I ha zersch mit nä äs paar Kanön gsunge. Zersch hei si das komisch gfunge. Was söu das, i dr Universität singe? Si hei aber das schnäu gärn gmacht. U si hei gmerkt, dass das nid nüt isch, imene Chor vo vierhundert Studänt:inne us äm Nüt use eifach chönne z singe.

Mys Thema isch ja gsi «Die nöje Ching». Wie si d Ching hüt? Sy si angersch aus vor zäh Jahr? U scho het die Vorläsig immer no nid aagfange. I ha Studänte ufgforderet, füf Minute mitenang z rede, ob die hütige Ching angersch sy. Das isch de eidütig bestätigt worde:

D Ching si viu individueller worde. Hei Müei, gseuschaftlichi Norme z akzeptiere. Si sy nümme so bereit, eifach aues z akzeptiere, was Vatter u Mueter säge. Si hei meh Frage aus Antworte.

I ha nä de das aues no chli usgfüert u nä gseit, dass das äs wäutwyts Phänomen sygi. Für die «nöje Ching bruuchts ä nöji Schueu». U i ha nä de vo dr Waudorfschueu-Pädagogik verzeut. Wie das Künschtlerische so wichtig sygi. Mi müessi zersch mit de Häng u Füess lehre, und erscht nächär mit äm Gring. D Beziehig zwüsche de Ching u de Lehrer:inne sygi ds Wichtigschte. Nume we d Schüler:inne d Lehrer:inne gärn heigi u umgekehrt, chönni äs begeischterets Lehre äntsta. Äs sy de viu Frage gsteut worde. Äs het nümm wöue höre. Einzelni hei nach zwöiehaub Stung us äm Sau wöue schlyche. Dr Räkter het das graduse verbotte. We de scho mau ä Profässer … Si hei de no mau öppis wöue singe. I ha die säutsami Vorläsig gschlosse u nä dankt, dass si so lang usgharrt hei.

Mit äm Velo nach Marseille zumene Häxeseminar

I de achtzger Jahr bin ig mit myne zwöi jüngere Ching, Alhaga u Gawan, mit äm Velo nach Marseille gfahre. Das isch nid ä bsungeri Leischtig gsi. Dr Ätti isch vor äm Zwöite Wäutchrieg mehrmaus i d Pyrenäe ar spanischi Gränze entlang, im Zämehang mit äm spanische Bürgerchrieg, mit äm Velo gfahre.

Da chunt mir grad i Sinn, dass ig einisch mit vierzg Schlössli-Mitarbeiter:inne ä Kulturreis i ds Katharerland organisiert ha. Mir sy mit äm Zug bis Montpellier gfahre u de mit ämene Bus wyter. Ätti u Müeti si ou mitcho. Da het dr Ätti üs gfragt, wie de dr Name Pyrenäe entstange sygi? Wius niemer gwüsst het, so het är üs aus Bärner ufklärt: «Pyrenäe heisst z Büre äne.»

Jetz wider zrügg zu üsere Velofahrt: Mir sy über ä Jura u de gäge Lyon, u de wyter links dr Rhone nache. Bis i ds Roussillon. Dört, wo dr Härd würklech rot isch. Dört näbenuus het äs Häxeseminar stattgfunge. Das isch de für d Alhaga gsi. Mit ihrem Name het si guet drzue passt. Dört het's so Trulli ggä. Dass sy so Steihüsli. Was si so i däm Seminar gmacht hei, han ig nie richtig usebbracht. Das isch äbe öppis Gheims gsi.

Dr Gawan u ig hei dört nume übernachtet, aber scho sy mer wider ungerwägs gsi gäge Marseille. Mir sy spät am Aabe z Marseille aacho u hei ä Ort gsuecht, um dusse i üsne Schlafseck chönne z übernachte. Niene hei mir ä sichere Ort gfunge. Doch ändlech, mir sy scho fasch us dr Stadt gsi, hei mer imene chlyne Hafe ä Ort gfunge. U we me müed isch, de schlaft me überall y. Früech am morge hei üs d Fischer gweckt, wo vom Fische zrügg sy cho. Was me da aus für Wasserviecher gseh het, isch unghüürlich gsi: natürlich Fische, aber ou Chräbse u Tintefische u Züüg, wo mer nid kennt hei.

Mir sy de i näs Bistro u hei Gaffee trunke u Baguettes ggässe, drzue het's chlyni bratnigi Portione vo däm Fischzüüg ggä. Mi het's sech e chli müesse dra gwane. I ha mir de no ä Pastis gnämiget.

Mir sy de wyter öschtlech gfahre u hei dört ire Bucht üses Zäut chönne ufschla. Näbem Bade im Meer, han ig gläse. Vilecht Camus. Dr Gawan het's sech schnäu mit angerem Jungvouk aagfründet.

De sy mer wider düruf u hei d Alhaga wider abghout. Si het nid viu wöue säge, was si de so gmacht hei. Das isch äbe äs Häxegheimnis gsi.

Mir si de nid aus mit äm Velo heigfahre u hei dr Zug gno. Immerhin, mir sy in Südfrankrych gsi. Marseille hei mer chuum ärläbt. Äs wär üs zwider gsi, zrügg i die Stadt yche. U üsi Alhaga isch äs bitzeli meh Häx worde.

Vo Gänf über ä Mont Ventoux zur Fontaine de Vaucluse nach Les-Beaux-de-Provence

Mit äre eufte Klass si mer ämau vo Gänf über ä Mont Ventoux zur Fontaine de Vaucluse und über ds Saint-Rémy-de-Provence vom van Gogh uf Les Beaux gloffe. Aues z Fuess u dusse übernachtet. Hei heiss u chaut gha, üs historisch mit de Lokalitäte usenanggsetzt. Pinie u Rosmarin, aber ou dr Lavändel gschmöckt. Immer wyter dür die Landschafte, wo scho Kelte mit Druide u Barde bewohnt hei, Römer kolonisiert hei, die mittelalterlichi Minnechile mit Troubadoure u Katharer beläbt het. De die verfougte Hugenotte. Später het d Félibrige-Bewegig vom Alfons Daudet u Folcon de Baroncelli-Javon die urschrünglichi Sprach, ds Provenzalisch, wo zu dä «langues d'oc» ghört, wider aus augemeini Sprach i Südfrankrych wöue yfüere. Ds Wärk «Mireille» vom Daudet wär äs Vorbiud für ds Provenzalische gsi. Das het dr französisch Zentralismus verhingeret. Doch het de doch später dr Baroncelli-Javon vo Saintes-Maries-de-la-Mer die Camarques-Ross u -Stiere zu Urross u zu Urstiere wöue zrüggzüchte. Drzue hei si dr Profässer Ulrich Dürst vom Schlössli Ins gfunge. Är isch Veterinär vo dr Uni Bärn gsi u het sich i dr Zrüggzüchtig vo Hustier uskennt.

Dr Mont Ventoux vom Norde här z ärklimme, isch ä Herusforderig, wiu das dr steilscht Aaschtig isch. Aber mir sy haut vo Norde här cho u hei müesse drybysse. Dobe uf nüünzähhundert Meter acho, hei mer gmerkt, warum dä Gigant vor Provence so heisst: Äs luftet u chuttet fasch immer. Schliesslich heisst dr Bärg ou Mont Ventoux. Dobe isch äs kahl. Früecher, i aute keltische Zyte, isch dr Mont Ventoux no bewaudet gsi, u mi het äm Windgott Opfergabe bbracht. Später het me die Böim abghouzt. Mir hei dem Gott üsi Müei uf de höch Bärg ueche schättere, gopferet.

Dä Götterbärg isch berüehmt worde, wo dr Francesco Petrarca, ä damaus berüehmte Dichter u Dänker, ihn 1336 zerscht mau besichtigt u de das ou beschribe het. Är giut aus erschte Beschtyger vom Mont Ventoux, was allerdings historisch umschritte isch. Mi het dr aut Mythos wöue überwinge u nä mentau gägeschtändlich wöue bezwinge. Ds nöje Zytauter mit dr Ruumergryfig, später mit äm Tourismus, het aagfange.

Äneabe vom Mont Ventaux isch's de sanfter ggange. Mir hei quasi die ganzi Reihe vo dä Vegetationsstuefe erschritte. Vo polare Pflanze bis Mittelmeerböim, Strüücher u Blueme. Das Gebiet isch aber ou Rückzugsort vo dr französische Résistance im Zwöite Wäutchrieg gsi.

I ha d Schüeler:inne immer ou la Tagebuech schrybe. U mängisch hei mir üs de ou exemplarisch mit dr Pflanzewäut befasst. Hei üs zersch umene Blueme oder Boum gruppiert u hei se exakt abzeichnet. De het jede und jedi müesse äs Gedicht schrybe über die Pflanze. Zletscht hei si für die Pflanze müesse ä Name erfinge. Die Aanächerig het oft stungelang dduuret. Doch i gloube, dass isch ä nachhautigi Pflanzekund gsi.

De sy mer nach Fontaine de Vaucluse cho. Hie het dr Petrarca gläbt, i sym Exil. Är isch ursprünglich ä Italiener gsi. Hie, bi dr gröschte Quelle vo Frankrych, het är gläbt. Die Quelle vom Fluss Sorgue sprudlet bi Höchschtang 22 Kubikmeter pro Sekunde use. Doch si cha ou fasch vertrochne. De chunt ds Wasser wyter unger use. Si isch über drühundert Meter töif. Ds Wasser chunt us emene riesige ungerirdische Wasserbecki, wo vo de umliegende Bärge gspise wird. Unger angere ou vom Mont Ventoux. Mir hei die Wunderquelle bi Höchschtang bestuunt.

I bi de äs paar Jahr später, i bi i rä töife Läbenskrise gsi, zu dere Quelle u ha öppe hundert Meter wyter obe, für drü Tag u Nächt faschtend, imene Schlafsack verwylend, däm Ruusche vo däm Wasser zueglost. Mir isch die töifi Quelle wie nä läbige Usfluss vo dr Mueter Ärde gsi. Si het mi wider ggärdet u mer zum Wyterläbe Muet gmacht.

Mir sy de wyter gwanderet u nach Saint-Rémy cho. Hie isch dr Vincent van Gogh ire psychiatrische Klinik gsi u het die schönschte Biuder gmaut. Är het d Sunne aus geischtigi Chraft u Farb i syne Biuder verwürklet.

Die Inschtitution gits hüt no. Mi cha ds Zimmer vom van Gogh go bsueche. Das han ig de ou mit dr Kamila chürzlich gmacht.

Aus Nüüntklässler han i mau i dä Summerferie z Saint-Rémy bimene Bieler Kunstmaler gwohnt. I hät söue Französisch lehre. Doch i bi i nä schreckliche Ehekrach ychecho. I ma mi no bsinne, dass i de öppe ha müesse ga ychoufe i ds Stedtli. Zum Byschpiu ä bouteille de vin – oder ving, wie d Südfranzose säge.

Nid wyt drvo äwägg sy mer mit üsere Wanderig zu üsem Zielort cho: Les-Baux-de-Provence. Das riesige Hochplateau, öppe zwöihundert Meter höch, bietet bi schönem Wätter d Ussicht zur Camargue bis zum Mittumeer. D Verteidigungsmüglichkeite si scho sächstuusig Jahr vor Chrischtus vo dr damalige Bevöukerig aus Vorteu aagluegt worde. Mi het Räschte vomene Oppidum vo de Keute gfunge. Fürschte im Mittuauter hei ihri Härkunft vo de drü Heilige Chünige härgleitet. Si hei die Chünige i ihrem Wappe abbiudet. Les Beaux isch ou bis zu dä Albigenserchriege ä Hochburg gsi vo dr Minnechile. Dr Ätti het dr provenzalisch Spruch, wo de zum Schlössli-Spruch worde isch u am Rosehoftürmli ungerem Dach ygschnitzt worde isch, vo dört ungerueche ghout: «Raco d eigloun, jamai vassallo» – «Von adeliger Herkunft, niemals Sklave» heisst dä stouz Spruch uf Dütsch.

Nähär isch äs ä Ort vo de Hugenotte worde. Das Wort Hugenotte chunt vo de Eidgenosse. Das si Gläubigi gsi, wo äm Schwyzer Reformator Calvin gfouget sy. Nach dr Vernichtig vo de Hugenotte het ds zentralistische

Pariserfrankrych Les Baux gschliffe. Übrigens: Viu vo dene gschyde u gschickte Hugenotte sy i d Schwyz gflüchtet u hei mit dr Uhre- u Maschineinduschtrie ds Fundamänt gleit für dr wirtschaftlich Rychtum i dr Schwyz. Dr Name Les Baux isch ja ou no angersch bekannt worde: Mi het de nid wyt vo dere Feschtig äs Mineral abboue und us däm de Aluminium härgsteut. Das Minerau heisst nach äm erschte Standort Bauxit.

So hei mer de Les Beaux verla u sy imene Paar-Stunge-Marsch nach Arles cho u wider heigfahre.

Vo Ins nach Chur. Aues z Fuess. Über Höger u dür Täler

Äs isch im Herbscht drüeachtzg (vom 15. Ougschte bis 20. Septämber) gsi. Da bin ig mit zwöi Begleiter:inne, vierzäh Jugendliche, sächzäh- bis achtzähjährig, z Fuess vo Ins nach Chur gloffe. Mir hei mit däm Projekt wöue zeige, dass me ohni Verchersmittu u ohni Begleitfahrzüüg, aues Nötige im Rucksack tragend, vierhundertfüfzg Leischtigskilometer u tuusig Meter Höhedifferänz cha überwinge. Mit Jugendliche, wo chuum sportlich fit sy gsi. Äs Schueuprojekt. Dr Schueuschtoff, äs wuchelangs Wandere, Ärläbnis i dr Natur, mit Steine, Pflanze, Tier u Mönsche us dere Gägend. Begleitthema Stärnekund, Tägschte vom amerikanische Naturfilosof Henry D. Thoreau.

Mir sy vo Ins dür ds Grosse Moos, dr schwyzerische Gmüeschammere, näb äm Atomchraftwärk Mühlebärg, am Wohlesee entlang nach Bremgarte gschuenet. De wyter dür d Agglomeratione nach Walkringe, nach Eggiwiu u de wyter im Schangnou zwüsche de Schratteflüe u äm Hohgant hinger äm Brienzer Rothorn zur Sennerei. Äm Morge früe fasch sänkrächt dür ds Lättgässli zdüruuf uf ds Brienzer Rothorn. De hinger abe, dr Brienzersee wyt unge, über ä Brünigpass, über Käserschtatt, Planplatte zum Engschtlesee. Nach ä paar Ruetäg über ä Jochpass nach Ängelbärg. De übere Surenepass i ds Urnertal. Über Brischten i d Etzlihütte u über ä Chrüzlipass nach Sedrun. Ds Rhytau z dürab bis Somvix u über Tenigerbad steil ueche zur Tenigerhütte. Hinger dra isch ja ds Greinagebiet, wo me damaus het mit ämene Stousee wöue unger Wasser bringe, u später wäge Protescht das Projekt müesse la sy. Über ä Diesrutpass sy mer nach Rumein zum Pater Flurin cho, damaus dr wichtigscht Naturschützer im Graubünde. De hei mer über Ilanz Chur erreicht. D Tagespress het üses Projekt gfyret.

Ds Motto isch gsi: mönschlichi Wärte ärgründe u d Natur ärläbe u ärhaute. Jede Morge sy mer mit äm Rucksack am Rügge im Kreis gstange. De het eine vo de Jugendliche ä Tagesschpruch gseit. Zum Byschpiu: «Wasser ist härter als Stein, das Weiche besiegt das Harte.» Mir hei nä nachegseit. De sy mer losmarschiert. Die erschti Viertuschtung ohni z rede. Überau hei üs Yhemischi vo dr Gägend verzeut. D Erkenntnisse hei vom Chopf dür ds Härz söue fliesse, dür ds Schuene, dr Horizont ständig verändernd. Schwitze, Durscht u Hunger düre Tag ha, are Queue trinke, imene See bade, i nä Bitz Brot bysse, im Räge wandere, nass wärde u znacht chaut ha u äm Morge früe d Sunne sehnlich erwarte u sich a ihre werme u d Chleider tröchne, das isch exischtenzielle Autag gsi. D Tourischte uf äm Brienzer Rothorn, wo mit äm Bähnli sy uechecho, u dört obe gsünnelet hei. Ds Chloschter z Ängelbärg ärläbe. Stungelang wandere a dr Outobahn im Urnertau. Irgendwo i dr Natur ds Lagerfüür errichte u choche u mit ächtem Hunger ässe u de um ds Füür hocke u singe u sinne. Gschichte verzeue. U de i dr Nacht wandere u dr Orion mit äm Sirius ärläbe, höch obe d Zwillingsschtärne gseh lüüchte, im Oschte dr Löi mit äm Regulus bestuune. Unger dr Terrihütte äs Uwätter mit ryssende Bärgbäch ärläbe u nä Frou vor äm Abgrund rette. Mit äm Pater Flurin ä Naturschützer kennelehre, wo outonom Säubschtversorger isch u zeigt, dass äs mit weniger ou geit. Dr Mönsch muess sech abnable vo Abhängigkeite, wenn är aus säubschtändigs Wäse ä ufrächte Gang wott gah. Dr Vorder- u dr Hingerrhy gseh zämeschiesse. Chur u Zizers ärläbe. Z Zizers non äs paar Tag aues mündlech u schriftlich zämezfasse u de no einisch z Chur öffentlech ga präsentiere. D Tageserläbnis sy jede Tag ufgschribe u vo mir gläse worde. U so han ig ou gwüsst, wies de einzelne ggange isch.

Die Wanderig het zwar nume füf Wuche dduuret. Doch si isch sicher nachhautig für ds ganze Läbe worde.

Vo-Meer-zu-Meer-Wanderige. In Italie über ä Appenin. In Frankrych über Lourdes

Vo-Meer-zu-Meer-Wanderige han ig zwöimau mit Schüler:inne gmacht. Einisch in Italie u einisch in Frankrych: In Italie sy mer mit Zwöuftklässler:inne vo Pesaro über Urbino, Assisi, d Schwäfelqueue vo

Saturnia nach äm etruskische Tarquina gwanderet. Das aues i dr heissischte Jahreszyt über ä Appenin. Vom adriatische a ds thyrrhenische Meer.

Ungerwägs han ig de Schüeler:inne exemplarisch über d Gschicht vo Italie verzeut. Vor auem ahang vo Pärsönlichkeite: Z Urbino, am Geburtsort vom Raffaello Sanzio, hei mer uf syni Biografie higwise. Är het ja denn vor auem in Floränz u Rom gwürkt. Är ghört mit äm Leonardo da Vinci und äm Michelangelo Buonarroti zum Triumvirat vor italienische Renaissance. Syni Madonne sy heiligschti Biuder, ähnlech dä byzantinische Ikone, aber us ere individuellere Zyt.

Z Assisi hei mer vo dr Gschicht vom heilige Franz bbrichtet. Är isch dr Begründer vo rä Armutsbewegig, wo bis zur hüttige Befreijigstheologie zum Byschpiu vomene Leonardo Boff (1938 gebore) aadduuret. Mir hei äm Boff sys Buech «Zärtlichkeit und Kraft» gläse. Dört wird dargsteut, dass d Armuetsbewegig i dr Theologie vor Befreijig ou no hüt aktuell isch. Scho rein us ökologische Gründ müesse mir üs yschränke mit Konsum u Bsitz.

Z Saturnia hei mer i dr Schwäfelquelle bbadet. So hei mer ä chli vulkanisches Elemänt i üs ufgno. Scho sy mer in Tarquinia gsi, äm Zielpunkt vo üsere Wanderig. Mir hei die etruskische Nekropole bsuecht u gstuunet, was für nä hochschtehendi Kunscht sich hie nach über zwöituusig Jahr offebart. De hei mer ou natürlich mit grosser Luscht im tyrrhenische Mittelmeer bbadet. Dä Name chunt ou vo dä Etrusker, wo vor de Römer d Kultur a dere Küschte gstautet hei.

D Wanderig in Südfrankrych het z Perpignan am Mittelmeer aagfange. I ha das Projekt mit Nüüntklässler gmacht. Mi sy weschtwärts gwanderet, am nördliche Fuess vo dä Pyrenäe. Wyt obe hei mer d Ruine gseh vom Schloss Queribus, eire vo dä letschte Katharerburge, wo vo dä inquisitorische Chrüzzügler isch igno worde. De sy mer zum Zäntrum vo dr ehemalige Katharerkultur cho, nach Montségur, u hei dört obe i dä Ruine übernachtet. Zwöufhundertvierevierzg im Früelig sy dört über zwöihundert Katharer uf äm Schitterhuufe umcho. Bevor si gstorbe sy, hei si gseit: «Dir chöit üs zwar töde, aber i sibehundert Jahr sy mer de wider da.» Das isch nüünzähundertvierevierzg gsi.

De sy mer nach Foix cho u hei dört i dr Nöchi die steizytliche Höhli Grottes de Niaux bsuecht. Töif im Bärg chame die drütuusigjährige Malereie bewungere. Scho die damaligi Kuutur het äs höchs Niveau.

De sy mer wyter nach Lourdes, äm gröschte Wallfahrtsort vo dr Wäut. Meh aus füf Millione Mönsche chöme us über hundertsächzg Länder jährlich dört häre. Achtzähhundertachtefüfzg het dört äs eifachs Meitli, d Bernadette Soubirous, ä Erschynig gha a rä Queue, wo dört us ere Grotte usecho isch. Si het ä wyssi gchleideti Frou gseh. Ds Wasser vo dere Queue isch de ou aus überuus heilend befunge worde. Äs sy bis hüt verschidnigschti Heilige vo Krankheite feschtgsteut worde. Me chunt nach Lourdes, um dört vom heilig-heilende Wasser z trinke. Mir hei aui ou vo däm Wasser trunke. Nachfougend uf üserer Wanderig hei de aui Durchfau übercho. Vilecht isch ja das ou heilend gsi. Mir sy die über vierhundert Kilometer wyter gschuenet bis nach Biarritz a atlantische Ozean. Dört hei mer ds Meerwasser vom Atlantik vom Mittumeerwasser la grüesse.

So hei mer die Wanderige abgschlosse. Hinger üs sy heissi Tage gläge, wo mer Durscht hei gha u dr Rucksack schwär ddrückt het. Wo mer wundervoui chauti Stärnenächt i de Schlafseck, irgendwo i dr stille u dunkle Landschaft, u töifi Gschpräch am Lagerfüür gnosse hei. D Natur isch üsi Biudnerin gsi. Aus säuber mitträge, wo me bruucht. A irgend ämene Ort Siesta mache u die spärlichi Wösch wäsche u tröchne. Dr eiget Lyb täglech sänkrächt vorwärtsbringe, ämene Ziu äntgägeschträbe. Stouz uf die eigeti Leischtig sy. Gärn heifahre u ga verzeue.

D Mignon het so vili nach Süde zoge. Mi ou.

Ds Sehnsuchtsgedicht «Mignon» vom Goethe het so vili i Süde zoge. Ds Gedicht:

Kennst du das Land, wo die Zitronen blühn,
Im dunklen Laub die Goldorangen glühn,
Ein sanfter Wind vom blauen Himmel weht,
Die Myrte still und hoch der Lorbeer steht,
Kennst du es wohl?
Dahin! Dahin
Möchte ich mit dir, o mein Geliebter, ziehn!

Kennst du das Haus? auf Säulen ruht das Dach,
Es glänzt der Saal, es schimmert das Gemach,
Und Marmorbilder stehn und sehn mich an:

Was hat man dir, du armes Kind, getan?
Kennst du es wohl?
Dahin! Dahin
Möcht ich mit dir, o mein Beschützer, ziehn.

Kennst du den Berg und seinen Wolkensteg?
Das Maultier sucht im Nebel seinen Weg,
In Höhlen wohnt der Drachen alte Brut,
Es stürzt der Fels und über ihn die Flut:
Kennst du ihn wohl?
Dahin! Dahin
Geht unser Weg; o Vater, lass uns ziehn!

Dr Goethe isch säuber us däm nordige chaute Weimar usgrisse, um dr Mignon z fouge, i warm Süde, nach Italie, um das z finge, was är nur dört het chönne finge: die Spure vom klassische Griecheland, ds Urprinzip vo dr Pflanze, d Urpflanze, ds künstlerische Dolcefarniente, zum Byschpiu im Zeichne, d Liebi zur Faustina und viu meh. D Kreativität cha nume dä i Gang bringe, wo Polaritäte zumene Ganze cha biude. Äbe dr Norde mit äm Süde, ds Bewusste mit äm Unbewusste, ds Über-Ich mit äm Es, dr Dänkpol mit äm Buuch, die platonischi Liebi mit äm Eros, d Chopfarbeit mit dr Handarbeit und so wyter.

Aber dä Übergang am Woukeschtäg am Gotthard, wo dr Goethe äs paar Mau het müesse umchehre, isch ou gfährlich: Drachehöhline het's, aber ou Bedrohige vo Naturkataschtrophe.

Kennsch du das Land, wo im Midi d Sunne lacht, d Camargue-Ross u -Stiere i Herde läbe, in Saintes-

Maries-de-la-Mer, wo d Maria Magdalena u angeri Froue der Legändä naa a Land cho sy, wo die sagehafte, vom provenzalische Dichter Frédéric Mistral beschribeni Mirèio um ihri Liebi kämpft, wo dr glychnamig Nordwind blast u d Böim gäge Süde schreg wachse lat? Dörthäre! Dörthäre, möcht ig mit dir, o my Gliebti, zie.

Scho d Helvetier hei i das warme Südfrankrych wöuä uswandere. Si sy aber bi Bibracte, 58 n. Chr., vom Julius Cäsar zrügggwise worde i ihres scho verbrönnte Land.

Dür das, dass dr Ätti, my Vatter, am Fuess vo de Cevenne, nid wyt vo dr Camargue, i dr Provence, ä Ruine gchouft het, hei mir jahrzähntelang dört unge mit de Schlössli-Ching Schueu gmacht, mit Bruchschteine Hüser bboue, i dr Umgäbig römischi Boute bsuecht, zum Byschpiu dr römisch Pont du Gard u d Arena in Arles. Mir hei äm Van Gogh sys Saint-Rémy gfunge, won är syni kreativschte Biuder gmaut het. Ou är het drfür dr heiss Süde bbruucht. Mir sy i d Pyrenäe greist u sy die verlassnige Katharerburge go beschtyge, wie zum Byschpiu d Gralsburg Montségur, u hei drin übernachtet. So sy mir Gralssuecher worde. Mir hei d Gschicht vo dr katharische Minnechile gschtudiert. Mir sy ytoucht i die prähistorischi Höhlemalerei vo Niaux.

Dä Süde het's bbruucht, um üs Nordländer seelisch u lyblich ufzchoche, aber ou spiritueu z sensibilisiere. Üses Mas i Südfrankrych het Feirefis gheisse, nach äm schwarz-wyss tschäggete Haubbrueder Feirefiz vom

Parzival. Mir hei drmit gmerkt, dass dr Mönsch glychzytig wyss u schwarz isch, wie nä Euschtere. Das het üs gfaue u isch d eini vo de Botschafte gsi vo dr Gschicht «Parzival» vom Wolfram von Eschenbach um zwölfhundert.

I bi nach Barcelona gfahre u ha äm Antoni Gaudi syni Kathedrale Sagrada Familia u syner Hüser bewungeret, i dr Fundació Joan Miró die verspiute Kunschtwärk verinnerlicht, im Museo Picasso die künschtlerische Erfindige eschtimiert. I ha ä chli wyter südlich my Fründ Diether Rudloff bsuecht, syner Kunschtvorträg aaglost u mit ihm die einzigartige romanische Chilene bsuecht. Ou är isch ä Südlandfahrer worde. Mir isch dört unger dr spanisch Anarchischt Buenaventura Turutti i Sinn cho. Dr Anarchismus het mi immer wider gchutzelet.

Kennsch du das Land hinger äm Hoger Gotthard? Dört blüeje ou d Zitrone u Mimose. Dört, no i dr Schwyz, sy mer scho im Süde, aber no imene demokratische Land. Dört het's no Platz für auergattig Lüt, wie Blüttler, Theosoph:inne, Wäutverbesserer, Anarchischt:inne u Kommunischt:inne, Tänzer:inne u Schou- u Puppeschpieler:inne. Dört wird ou die freiji Liebi gläbt. Dörthäre! Dörthäre, möcht ig mit dir, o my Gliebti, zie.

Wie dr Goethe sy viu Dütschi i Süde greist. Zum Byschpiu i ds Tessin. So nä Ort isch in Ascona dr Monte Verità worde. Dört hei sich scho vor nüünzähundert Anarchischte troffe, wie dr Michail Bakunin oder dr Erich Mühsam, wo äntgäge äm Marx ä individuelle Kommunismus hei wöue etabliere. Aber ou angeri:

Vegetarier, Theosophe, Psychoanalytiker, dr Rudolf Steiner – är het i dr Nächi Vorträg ghaute –, Sunneaabäter mit Nacktkuutur, die ganze Tanzbewegige mit äm Rudolf von Laban, dr Mary Wigman, Schouschpielerinne wie zum Byschpiu d Charlotte Bar, wo z Ascona äs Theater het la boue, ds Teatro San Materno.

Die ganzi Läbensreformbewegig wie Hermann Mühsam. Verträter vor Dada-Bewegig wie Hugo Ball u Emmy Ball-Hennings, Sophie Taeuber-Arp u Hans Arp. Aber ou ds russische Künschtlerpaar Marianne von Werfekin u dr Alexei Jawlenky u dr Dichter James Joyce. Nid zletscht het sich dr Hermann Hesse uf äm Monte Verità ufghaute.

I bi scho früe, wo my äutischti Tochter Manda sächzähni isch gsi, mit ihre i ds Tessin u mir sy dört ä Kopie vom Aabemaubiud vom Leonardo da Vinci i dr Chile Sant' Ambrogio z Ponte Capriasca go luege. Wyter sy mer nach Mailand, um dört ds Originau ga bewundere.

I ha immer wider ä Kunschtreis nach Floränz gmacht. Äs Zytli jedes Jahr zmingscht einisch. D Renaissancekunscht isch die künschtlerischi Form vom Humanismus worde: ds Baptischterium San Giovanni, San Miniato al Monte, dr nackt David vom Michelangelo, dr Fra Angelico im Chloschter San Marco, ds Märittrybe uf äm Ponte Vecchio, d Medici-Kapälle mit de ligende Skulpture vom Michelangelo, d Franziskanerchile Santa Croce, d Basilica di San Lorenzo, d Boboli-Gärte und so wyter. Jede Name vo dene Sehenswürdigkeite löse i mir wunderbari Biuder us. Dört han ig mit Student:inne u Schüler:inne gluegt u abzeichnet. Mir hei die wiudi Gschicht ghört vo dere einzigartige Stadt. Ha i au däm d Mignon gfunge, my Gliebti.

I ha i dr Toscana Wanderige gmacht. Mir hei einisch vo Pesaro us über Urbino u Assisi nach Tarquinia ä Meer-zu-Meer-Wanderig gmacht, im heissischte Summer über ä Appenin. Das isch my humanistische Süde, my Sehnsucht gsi.

Dank äre Lungeäntzündig bin ig nach Ascona i d Casa di cura cho. Dört han ig imene Zimmerli uf ä Lago Maggiore i eire Nacht sächs vo de sibe Planete gseh. Das han ig im Bricht i mym Stärnebuech gnauschtens beschribe. Für mi ä Initauzündig für mys wichtige Stärnebuechprojekt «Sternenkunde integral».

Nume äs paar Schritt vo dr Casa entfärnt liegt dr Monte Verità. I ha dört ä Usschtellig u die gschichtleche Zämehäng gseh. Dr Harald Szeeman als Kurator, ou i dr Bärner Kunsthalle, het äs umfangrych rescherschierts Buech über ä Monte Verità useggä. Wahrschynlich ds beschte über das Thema. Mir isch mau ä Usschtellig vo ihm im Bärner Kunschtmuseum ufgfaue: «Die Mond, der Sonne».

So bin ig immer wider dere Mignon nache, nach Süde piugeret. Wou ä Urmythos im europäische Kontegscht.

Pärsönlichkeite

D Julia Butterfly Hill, Boumfrou

D Julia Butterfly Hill han ig dür ihres Buech «Die Botschaft der Baumfrau» im Jahr 2000 kenneglehrt. Für mi isch si i de letschte zwänzg Jahr die Frou i dr moderne Zyt, wo mi am meischte beidruckt het. Won ig chürzlech ds Buech wider gläse ha, han ig feschtgschteut, dass si ou no hüt outhentisch d Schicksausfrag vo dr Ärde am ydringlichschte formuliert. Ohni Wenn und Aber isch si verbunge mit der Natur, exemplarisch mit der Luna, däm hundert Meter höche Mammutboum, wo si uf sächzg Meter Höchi uf äre Plattform zwöi Jahr usgharrt het, bis si mit äm korrupte Boumfällerkonzärn ä Verybarig schriftlich troffe het, dass d Luna u d Umgäbig gschützt blybe. Si isch ersch nach 738 Täg wider abecho, das isch äm 18. Dezämber 1999 gsi, wo si sicher isch gsi, dass ihre Boum nid gfäut wird.

D Julia isch d Tochter vomene Prediger u het scho dört ärläbt, was Bätte heisst. Ihre Bricht vo dr Luna isch immer wider üsserscht dramatisch, we si ä Sturm, Räge u Temperature unger nuu Grad het müesse übersta, ohni z wüsse, ob si überläbt. Da het si immer wider bbättet. Si het sich mit däm uraute Boum immer meh exischtänziell verbunge. Het sy Stamm u syni Escht lehre kenne. Isch drufume gchlätteret. Het au die Insekte u Vögu aus äs läbigs Biotop wahrgno.

Si isch eigetlech per Zufau uf dä Boum cho u isch dört bblibe u isch natürlich vomene ganze Team versorgt worde. Si het vo däm Boum us mit Radioschtatione gredt. So isch me meh u meh ufmerksam worde uf die Boum- u Naturschützerin. Zersch i dr Neechi, de in ganz Amerika u de ou in Übersee.

Si isch vo däm krimineue Konzärn beläschtiget worde, syg das mit Helikopter, Drohige oder mit Chettisaagine, um dä Boum umzsaage. Si isch fasch erfrore uf dere vier Quadratmeter grosse Plattform. Si beschrybt ds karge Ässe, die minimali hygienischi Versorgig. Ständig unger Druck – zum Teil ou vo dä eigete Lüt –, vo däm Boum abecho z müesse, die Proteschtaktion ohni Erfoug z'beände.

U äs isch ydrücklich, wie si dr Wiue het gha, däm Boum tröi z blybe. Für si isch d Natur heilig u si lydet mit, we me ganzi Wäuder abhouzt u drdür Schlammlawine uslöst, wo de ganzi Dörfer überschwemme. Si isch ä Expertin worde für ä nachhautige Umgang mit dr Natur.

Ihre zwöit Name, wo si sech säuber ggä het, heisst Butterfly. Scho aus Ching sy rä immer wider Schmätterlinge uf d Arme u uf ä Chopf gfloge. Dr Schmätterling isch äs wichtigs Symbou worde für si. Dr Schmätterling het zersch sy Exischtänz dür ds Dasy als Roupe. D Roupe mues sich verpuppe, mues sy Exischtänz ufgä, muess dür ds Chaos ga, um eines Tages us däm Kokon usezschlüüfe. Niemer cha ihre drby häufe. Die Metamorphose isch äs wichtigs Motiv worde für d Julia. Mi mues sich dür Lyde u Schmärze i näs höchers

Wäse verwandle. Das het si de ou gmacht. Die Sterchi u die Liebi zur Schöpfig het si exemplarisch bewise. Si isch drüezwänzgjährig uf dä Boum gstgige u zwöi Jahr dört obe bblibe. Aui die Erläbnis schiuderet si i däm Buech. Ou mit Zeichnige. Si isch auso ou ä Künschtlerin. Das Buech isch ä Expertise, wie me d Umwäut mues schütze, äs Handbuch für hütigi Jugendlichi i ihrne Zwänzgerjahr.

D Vendulka Bročova, für mi ä wichtigi Künschtlerin

Si isch mir scho Ändi nüünzger Jahr aus Studäntin a dr sozial-künschtlerische Akademie z Prag ufgfaue. Wen ig d Parzivalgschicht verzeut ha u d Studänt:inne ufgforderet ha, äs Biud drzue z male, so het d Vendulka die schönschte Malereie präsentiert. U wie si de ou ihri Biuder interpretiert het! Mi het gmerkt, si het die Gschicht vilecht no fasch besser verstange aus ig u i ha viu glehrt drby.

I dr Akademie het me ou viu Theater gspiut. Einisch hei si «Die Schöne und das Biest» ufgfüert. D Vendulka het die Schöni dargsteut. Die liebendi Verbindig vom Schöne u Hässliche het mi beydruckt. Si isch mer scho denn aus junge venusische Mönsch erschyne: öppis sunnehaft Spirituells, wo sich mit äm Stoffliche, mit äm Irdische het chönne verbinge. Ä Künschtlerin.

Viu später isch de d Vendulka i ds Schlössli cho u het äs Jahr lang ds Müeti, my Mueter, pflegt. Si het am Aafang chuum Dütsch chönne, het's aber schnäu glehrt u mit äm Müeti Bärndütsch gredt. Einisch, het si mir verzeut, wo si ds Müeti mit äm Rouschtueu i dr Landschaft het desumegstosse und äs fescht gluftet het, heig ds Müeti immer wider gseit: «U das chutet. Wie das chutet.» Das Wort «chute» het dr Vendulka bsungers gfaue. Si het's immer wider mit ihrem slawische Timbre begeischteret usgschproche.

I dr Wiehnachtszyt het si im bärndütsche Oberufererschpiu dr Ängu gspiut. Si het mit mir voller Luscht dä bärndütsch Täxt glehrt. U gsunge het si dr Ängu wie nä Ängu.

I bi grad dran gsi, mys Stärnebuech z schrybe. Da het si mir uf schwarzem Papier Stärnekonschtellatione zeichnet u aues, won ig bim Ungerrichte hätti a d Wangtafele zeichnet. So isch mys Stärnebuech wungerbar künstlerisch gschmückt worde.

I ha de damaus gmeint, i müessi Tschechisch lehre, u i bi mit dr Vendulka immer wider zämecho. Si het mi söue Tschechisch lehre u i si Dütsch. Si het schnäu Dütsch glehrt u ig chuum Tschechisch.

Si het wider z Prag gwohnt u wen ig ou dört bi gsi, hei mir üs troffe. Damaus isch ä grossi Usschtellig ufbout worde. «Play» het si gheisse. Mi het wöue Ching u Erwachsnigi animiere, spielerisch u phänomenal a d Erschynige vo dr Wäut härezbringe. I ha d Ufgab gha, die zwöuf Sinne, wo dr Rudolf Steiner dargsteut het, die farbige Schatte u d Kükelhaus-Reder z präsentiere. Da het mir d Vendulka mit ihrem Gschick wider unermüedlich ghuufe. I däm Zämehang het si mir nach dr Dornacher Stärncharte ä tschechischi zeichnet. Die Charte besteit hüt no, nume aus Prototyp. Eigetlech hät die Charte in Tschechie publiziert söue wärde. Doch das het nid söue sy.

I bi de mit ämene neue Buech beschäftiget gsi. Das isch de ou später aus «Das Grosse Parzivalbuch» usecho. Dört drin het mer d Vendulka über dryssg Biuder uf schwarzes Papier gmaut. So het me die Gschicht nid nume chönne läse, sondern ou chönne aaluege. Die Biuder hei scho viu vo de innere Biuder verzeut. So isch d Vendulka zu rä für mi wichtige Künschtlerin worde.

D Vendulka het du ghürate. Ä wunderbar gschickte Schryner. Är het ihre äs chlyses Huus bboue. Dört wohne si jitz u hei drü Ching. My Gschicht hört so wie näs Märli uuf. Und so isch d Vendulka mir ou immer wider märlihaft vorcho.

Dr Ivan Illich, ä I-Frag-Steuer vo dr Macht vo dr Chile, vom Staat, vo dr Biudig u vom Gsundheitswäse

«Wärum sy mer chrank? Wiu mer äs Gsundheitsyschtem hei. Schaffet die staatliche Schuele ab. Verteilet Biudigsguetschyne.» Das sy Botschafte vom Ivan Illich gsi i dä sächzger Jahr. Mi hei die Gedanke elektrisiert u d Foug isch my Lancierig vo dr Volksinitiative für freiji Schuelwahl nüünzähundertachtzg im Kanton Bärn gsi.

Wär isch dr Ivan Illich (1926–2002) gsi? Z Wien gebore. Syni Mueter chunt us ere dütsch-jüdische Familie u konvertiert zum Chrischtetum. Sy Vatter, ä Bouingenieur u Katholik, stammt us äm kroatische Split. Z Wien ufgwachse. Im Huus vom Sigmund Freud verchehrt. Wiu syni Mueter jüdischer Abschtammig isch, mues dr Ivan nüünzäheinevierzg Wien verla u macht z Floränz d Matura. De studiert är zersch Chemie u Gschicht. De in Rom Theologie. Nüünzähunderteinefüfzg wird är zum Prieschter gweiht. Und promoviert de a dr Salzburger Uni aus Filosof.

Dr Illich schaffet z Manhatten aus Prieschter mit Puertoricaner. Är wird Amerikaner. De wird är Vizeräkter a dr katholische Universität z Puerto Rico. Das Rektorat füert är bis nüünzähunderteinesächzg. Jitz kritisert är immer meh die katholischi Chile. Är gseht, dass die Inschtitutionalisierig vom chrischtliche Gloube u vo dr Schueubiudig vor auem de ärmere Mönsche nid hiuft. Är polemisiert gäge d Medikalisierig vo dr Gseuschaft u d Bürokratisierig vo dr Schueu und wott d Schuele abschaffe. Är wird Sympathisant vo dr Befreijigstheologie u überwirft sich mit dr katholische Chile.

Nüünzähundertsächzg ggründet dr Illich äs interkulturells Inschtitut in Mexiko. Är leit sys Prieschteramt ab u befasst sich mit dr Schueu u wott se i ihrer inschtitutionelle Art abschaffe. Är schlat Biudigsguetschyne vor, wo dr Staat jedem Bürger für ds ganze Läbe zur Verfüegig steut. Jede Mönsch chönnt die Biudigsguetschyne dört ylöse, won är äs für guet befindet. U das isch mys Ding worde u het mi de schlussändlich nüünzähundertachtzg zur Initiative für di freiji

Schueuwahl bbracht. Nüünzähundertnüünesibezg wird dr Illich Gaschtprofässer in Bremen. Är ghört nüünzähundertzwöieachtzg zum Wüsseschaftskolleg in Berlin. Nüünzähundertachtenüünzg überchunt är dr Kultur- u Friedensprys vo dr Villa Ichon in Bremen. Zwöituusiguzwöi stirbt är in Bremen sächsesibezgjährig.

Är isch gäge das pervertierte Chrischtetum i dr katholische Chile gsi, idäm är gäge di normativi Morau isch gsi u aus radikale ethische Anarchischt guute het. Är het ä Art Urchrischtetum, wo nid machtmässig u ideologisierend würkt. Das het mir gfaue. Är het gäge d Macht im Staat u i dr Chile protestiert, wo vor auem i de Entwickligsländer d Armut no vergrösseret het. Ä ydrücklichi Pärsönlichkeit. Ufgwachse in Europa, de tätig in Nord- u Mittelamerika u äm Schluss wider in Europa. Är het wie dr Rudolf Steiner d Waufreiheit u die anarchistischi Ethik propagiert u isch so natürlich mit de Mächtige i Konflikt cho. Syner schriftliche Wärk si für mi schwierig z versta. Är isch ä Intellektuelle gsi. Für ihn wichtig si au syni Fründe gsi, won är gärn yre warme Fröhlichkeit troffe het. Fründschaft isch ihm wichtig gsi: Jüdischi, Prieschter, Wüsseschaftler, Profässer, Utopischte, won är gärn aus Fründe am Rand vo dr Gseuschaft troffe het.

Dr Echnaton u dr Saint-Exupéry aus Filosofe vo dr Sunne u dr Ärde

Wider u wider han ig ihri Ärde- und Sunneschicksau biografisch studiert: Ig erzittere vor ihrer Grössi. Dr eint

Pharaofilosof, dr anger Flügerpoet. Beidi beydruckt vom Stärnekosmos, dr Sunne u dr Ärde.

Dr eint ä Sunneaabäter u Ägypter, lat nume d Sunneschybe aus Gott la gäute, wo mit ihrem strahlende Liecht d Landschaft, d Pflanze, d Tier, d Mönsche strychlet. Är het d Sunne zum einzige Gott gmacht. Zum Sunnegott, wo sinnlich am Oschthorizont ufgeit, de tagsüber syni liebende Strahlehäng über Mönsch und Ärde lat la gleite. Und am Aabe hinger em Weschthorizont verschwindet. Ou die Tote i ihrne Greber söue ds Liecht vo dr Sunne gniesse.

Dr ander, dr Antoine de Saint-Exupéry, dr Flügerpoet, dr Franzos, flügt wie nä Vogu dä Stärne enggäge. Är überwingt d Ärdeschwärchraft, flügt u flügt. U won är einisch zmitts i dr Sangwüeschti notlandet u nume no Sang u Sang um sech gseht, wird är plötzlich vomene Ching aagsproche, wo vo ihm ä Zeichnig vomene Schaaf wott. Äs isch dr chly Prinz, wo vomene chlyne Planet chunt. Die Gschicht vom chlyne Prinz, syre komplizierte Liebi zu rä Rose, vo dr Gfahr, dass ds Schaf d Rose frisst, i dr Wüeschti ä Fuchs zähmt u de vor e Schlange wider vo dr Ärde erlöst wird. Stärne aus müglichi Planete, wo dr chly Prinz härchunt, d Ärde, wo me druf landet u wo d Liebi uf eim wartet. Da irgendwo drzwüsche flügt dr Flügerpoet u verzeut Gschichte.

D Sunne aus Chraft, wo vom Pharao uf ds Vouk straut, aus Individuauchraft vom einzige Herrscher. D Sunne aus einzigi Chraft uf äm Pyramideschpitz. Ds Chünigspaar, dr Echnaton u d Nofretete, glychberächtigt, är wyblicher, si männlicher, übergschlächtlich, mönschlich, mönschheitlich. Är, dr Sunneaabäter, mit sym Sunnegsang, wo no i dr Bibu u bym Franz vo Assisi echonet. Mir chunt grad ä Kanon i Sinn, won ig viu mit Lüt gsunge ha: «Sonnengeist, sei meines Herzens Sonne und leuchte du in mir, als Welterlöserlicht.» D Sunne im Härz, ds Liecht u d Wermi verschänkend.

Dr Schaaf zeichnend Pilot stuunet ab däm Prinz, wo seit, dass me nume mit äm Härz guet gseht. D Filosofie vom chlyne Prinz isch d Tröji zu syner Rose, ou we si ä chli kompliziert isch. D Ching aus Filosofe, scho immer hei si haut no dr Glanz vo de Stärne. D Urweisheit i de lapidare Sätz glyche uralte Weise, wo wider Ching worde sy, wo scho wider nach a de Stärne sy. Dr Pilotpoet isch scho i sym Läbe immer wider gfloge u het drmit d Ärdeschwääri überwunge. Isch necher a de Stärne. Unger sich die Liechter vo de Stedt. Himu u Ärde aus Ganzes. Mänge Flügerabschturz het är überläbt. Dr letscht im Juli vierevierzg höchscht gheimnisvou, het nä, wie d Schlange dr chly Prinz, vom Sang, oder vo de Wäue verwünscht, vo dr Ärde erlöst. Ou das isch Übärläbe i nä angeri Wäut. Sicher het dr Pilot sy Stärn gfunge. Um später einisch wider uf dere Wäut z lande. Är isch ä Stärnverliebte gsi u zuglych ou ä Ärdetröje. Flügermechanik u Elektronik aus spiritueui Grundlag. Ä modärne Mönsch.

So sy die beide, dr Sunnesohn u dr Stärneflüger, spiritueu. D Sunne isch sinnlech, Stärne wärde zu Wohnorte vo chlyne Prinze. So si d Stärne üs Mönsche nächer, d Sunne, wyt äwägg, strychlet mit ihrne Strahle üsi Hut.

Dr Dante Alighieri aus Wanderer dür d Höu, ds Purgatorium u ds Paradies

Dr Dante Alighieri (1265–1321) isch eine vo de wichtigschte Dichter u Filosofe im usgehende Mittuauter. Är het sy Gang dür ds Geischterrych, dür d Höu, dr Lüterigsbärg u ds Paradies beschribe. Das het är aues i syre «Göttliche Komödie» verzeut. Dört findet är sy geliebti Beatrice wider, won är aus Nüün- u Achtzähjährige troffe u aus Troubadour besunge het. Si isch aber vor ihm gstorbe. Är flügt de mit ihre dür d Planetesphäre bis zum Oug Gottes i dr Ängelwäut.

Dr Dante isch in Floränz gebore, im Baptischterium San Giovanni touft worde. Über sys Läbe gits nid viu Zügnis. Mi mues das auszäme sueche. I dr «Komödie» het är viu Aaschpilige gmacht uf sys Läbe, uf historischi Pärsönlichkeite, uf syni Zytgenosse. Är het offesichtlich gueti Lehrer gha, aber är isch sys Läbe lang vor auem ä Outodidakt gsi. Är het ghürate u Ching gha. Sy Frou het Gemma gheisse. Är isch zu politische Ämter cho. Z Floränz het's immer Machtkämpf gä zwüsche de kaisertröje Ghibbeline u de papschttröje Guelfe. Wo dr Dante i dr politische Füerig vo Floränz isch gsi, sy grad Guelfe a dr Macht gsi. Aber Guelfe hei sich ou no gspaute i schwarzi u wyssi Guelfe. Dr Dante het zu dä wysse ghört. Jitz sy aber die schwarze wider a ds Rueder cho u dr Dante u aui wysse sy verbannt u sogar mit äm Tod bedroht worde, we si wider nach Floränz zrüggcho wäre.

So isch dr Dante im Exil bblibe, immer i dr Hoffnig, eines Tages wider i sys gliebte Floränz zrüggzchehre.

Är het vo usse mit verschiedene politische Chräft versuecht, die schwarze Guelfe z Floränz z stürze. Da het sogar dr dütsch Kaiser, dr Luxemburger Heinrich VII. (1279–1313) ghuufe, isch aber scho früe in Siena gstorbe. Sy Sohn Johannes von Luxemburg (1296–1346) isch de dr Vatter worde vom berüemte Prager Kaiser Karl IV. (1316–1378). Äs isch nid glunge, die schwarze Guelfe us Floränz z vertrybe. I verschiedene norditalienische Stedt het dr Dante wyter ddichtet. Ab dryzähhundertdrü het är aagfange, die «Göttliche Komödie» z schrybe. Ersch i dä letschte Jahr vo sym Läbe z Ravenna het är das Epos fertig ddichtet. Sy Ärdelyb isch z Ravenna bestattet worde. Syni Söhn hei massgäblich mitghuufe, dass sys Wärch isch useggä worde. Ds Bsungerige vo dr «Komödie» isch, dass si nid uf Latynisch gschribe worde isch, was i dere Zyt i dr Dichtkunscht üeblech isch gsi, sondern är het das Wärch uf Toskanisch useggä, nid zletscht, damit ou Nid-Akademiker das Wärk chöi läse. Das Wärch isch de churzum sehr populär worde. Und äm Dante syni Sprach isch zum offizielle schriftliche Italienisch worde.

Dr Dante verzeut i dr «Göttliche Komödie sys Jensytsärläbnis: I dr Nacht vor äm Karfrytig, im Jubeljahr dryzähhundert, grad i dr Mitti vom Läbe – dr Dante isch grad füfedryssgi gsi –, verirrt är sich imene wiude, grouevoue Waud. Dört verschperre ihm ä Pardelpanther, ä Löi u ä Wolf, Sinnbiuder vo Wouluscht, Hoffart u Habgier, dr Wäg. Da erschynt ihm aus Retter dr lang verstorbnig römische Dichter Vergil. Är isch vo dr Beatrice, syre Gliebte, gschickt worde, wo ou scho gstorbe isch, um ihn aus Füehrer du dür d Höu u ds Purgatorium zum Paradies z füere.

D Höu, ds Inferno, isch ä Trichter, wo sech gäge Ärdmittelpunkt immer töifer verängt. Si isch i nüün Kreise glideret. Obe schmoore die laue Sünder, immer töifer die immer schlimmere Seele. Ds töifscht unge im Ärdmittelpunkt sy dr Judas u dr Mörder vom Cäsar, dr Brutus, u dr Luzifer. Au die Seele sy ewig derzue verdammt, i dr Höu z blybe u z lyde. D Höu isch äs schwarzes Loch, wo me ychechunt, aber nümme use.

Dr Ärdmittelpunkt überwingend, glingt es äm Dante u äm Vergil uf dr Jensytswanderig dür die unändliche Wasser, uf äne Insle zum Lütterigsbärg, äm Purgatorium, z cho. Dä Lüterigsbärg isch wie nä umgekehrte Trichter mit sibe Terrasse. Hie büesse die Stouze, die Nydische, die Zornige, die Träge, die Gyzige, d Schlemmer, die Woulüschtige. Si sy aber i dr Hoffnig, einisch erlöst z wärde. Ou dr Dante aus Mitbüesser cha sich uf dä sibe Stuefe vom Purgatorium immer meh äntsündige. Im strahlende Morgeliecht wird uf dr Spitze vo däm Bärg ds Paradies, wo nach äm Sündefall dr Mönschheit verluschtig isch ggange, sichtbar. Jitz verschwindet dr Vergil u äs erschynt imene rote Chleid u äme wysse Schleier d Beatrice, die Gliebti vom Dante, ä Öublattchranz im Haar, so wie är si als junge Maa z Florenz gseh het. Demüetig wird är i dä Fluete vor Lehte vo syne Sünde frei u nach äm Trunk vom Fluss Enoë rein u bereit zum Ufschwung nach de Stärne. Dr Flug mit der Beatrice eröffnet äm Dante die planetarische Sphäre vo de nüün Kreise: Mond, Merkur, Venus, Mars, Sunne, Jupiter, Saturn bis zum Fixstärnhimu u Krischtauhimu eröffnet. Ängle begleite das Paar, Liechtschtröm umwalle se, bis si äm Füürhimu gägenüber sy u i ds Oug vo Gott luege. Dr Dante erhäbt sy Blick zu dä verschidefarbige Kreise, däm Urliecht vo Gott. Är gspürt die höchschti Liebi zue dr wybliche Gstaut, dr Schöpferin Sophia. Si isch d Inschpiratorin u Häuferin i dere Jensytswanderig.

Dr Näpu u dr Kapodistrias (1776–1831) hei ghuufe, dass d Schwyz demokratischer wird

Aus Schwyzer ghört me gärn, dass mir üs syt dr Gründig vo dr Eidgenosseschaft gäng säuber ghuufe hei, üs wider us üsem eigete Schlamassu z zieh. Schön wär's. Doch i dr Zyt vo dr Französische Revolution isch d Schwyz dür die grassierendi verstockti u ungrächti Arischtokratie völlig i rä Sackgass gsi.

Ä Pestalozzi isch drum froh gsi, wo die französische Revolution mit dr Arischtokratie ufgruumt het. So isch är zum Ehrebürger vo Frankrych ernannt worde. Dr Näpu het de d Schwyz überrennt u het ou hie d Arischtokratie abgschafft. Wackeri Schwyzer, wie zum Byschpiu dr Pestalozzi, Philipp Stapfer, Heinrich Zschokke u angeri, hei ihm zu rä Mediationsverfassig, wo meh zu dr Schwyz passt het, grate. Auso, mir chöi d Abschaffig vo dr ungrächte Arischtokratie äm Näpu verdanke. Dr Näpu het aber de in Frankrych wider ä nöji Arischtokratie ggründet: Är aus Kaiser, syni Familie aus Chünige u Grafe.

Wo de dr Näpu dür zwo Schlachte verlore het u mit dr Insu St. Helena het müesse vorliebnäh, het d Arischtokratie in Europa wider Morgeluft gwitteret. Ä nöji auti Gseuschaftsordnig het me a dr europäische Konferänz am Wiener Kongräss 1814/15 wider wöue yrichte. Das ou i dr Schwyz. D Schwyz isch totau zerschtritte gsi, zwüsche de demokratische u de nöji-aute-arischtokratische Chräft.

Da isch ä interessanti Gstaut i dr Schwyz ufträte: dr Ioannis Kapodistrias. Är isch ä Griech gsi, het in Padua u Venedig Filosofie gstudiert, uf de ionische Insle politisiert u Chrieg gfüert. Dr Kapodistrias isch de aber nach St. Petersburg zum Zar Alexander. Är begleitet dr Zar zu de Chriege gäge Napoleon, isch ä wichtige Diplomat im Wiener Kongräss, wird Gsandte i dr Schwyz und füert in verschidene Kantön Verhandlige unger de zerstrittene Eidgenosse. Bsungers dr Kanton Bärn mues är überzüge, dass a syne Ränder zwe nöji Kantön erschyne: dr Kanton Aargau u dr Kanton Waadt. Är isch ou bim Pestalozzi i sym europawyt bekannte Inschtitut z Ifferte (Yverdon). Mit äm Gänfer Charles Pictet de Rochemont hiuft dr Kapodistrias mit, dass d Schwyz am Wiener Kongräss die immerwährendi Neutralität überchunt. So isch dr Ioannis Kapodistrias i dr damalige politische Zyt exischtänziell gsi für dr Ufbou vo rä demokratische Schwyz.

Dr Kapodistrias wird im April 1827 vom grad unabhängig wordene Griecheland zum erschte Präsidänt gwäut. Am 9. Oktober im glyche Jahr wird är dür Oppositionelli ermordet.

Dr Ignaz Paul Vital Troxler (1780–1866)

I ha mi scho früe mit äm Troxler befasst: Vorträg vom Max Widmer ghört, äm Spiess sys dicke Buech über ä Troxler gstudiert, d «Fragmente», wo dr Willi Aeppli scho 1936 useggä het, Biografie vom Max Widmer gläse und so wyter. De han ig für d Zytschrift «Das Goetheanum» im Jahr zwöituusigusächzäh, us Aalass vom hundertfüfzigschte Todestag vom Troxler, ä Hommage gschribe. Die han ig jitz hie uf Bärndütsch übersetzt.

Dr Ignaz Paul Vital Troxler isch im luzärnische Beromünschter ufgwachse, u het d Schuele während dr Französische Revolution dürloffe.

Zwänzgjährig geit är nach Jena a d Universität u studiert Medizin, Naturwüsseschafte u Filosofie. Achtzähhundertdrü promoviert är in Medizin u praktiziert z Wien. Achtzähhundertfüf isch är wider z Beromünschter. Aus praktische Arzt het är Erfoug bi rä grassierende Epidemie, überwirft sich aber mit dr luzärnische Regierig wäge syre Kritik am miserable Sanitätswäse. Är entzieht sich äre Ykerkerig u reist über Aarau nach Wien. Dört füert är ernöit ä Arztpraxis u schliesst Fründschaft mit äm Ludwig van Beethoven.

Achtzähzwöuf publiziert är ä erschti anthropologischi Schrift «Blicke in das Wesen des Menschen».

Wo dr Kaiser Napoleon mues abdanke, wird aues, was dr Napoleon a Freiheitsrächt ygfüert het, i Frag gsteut. Äs chunt zur Reschtauration. D Arischtokrate sy wider mehrheitlich a d Macht cho. Dr Troxler aus Liberale u

Radikale (dä Begriff het dr Troxler prägt) kämpft gäge die rückschrittlechi Politik i de Kantone, schrybt Strytschrifte u versuecht, am Wiener Kongräss achtzähsächzäh gäge die Tendänze aazga.

Achtzähsächzäh zieht är vo Aarau nach Beromünschter, wo är bis achtzähnüünzäh läbt und sich, näbe dr Arztpraxis, publizischtisch unger angerem mit dr Pressefreiheit beschäftigt.

Aus Arzt entwicklet är ä läbenserweckendi Anthropologie, als Filosof ä spiritueui Filosofie. Är forderet ä anthropologischi Filosofie oder ä filosofischi Anthropologie. Doch mues die syre Aasicht nach ufene höcheri Äbäni potenziert wärde. Dere Quintässänz seit är Anthroposophie. Dr Troxler isch eidütig ä Voranthroposoph gsi. Är het die höcheri Wysheit gahnt. Är het ire d Richtig ggä. Dr Rudolf Steiner het du die scho höch äntwickleti Anthroposophie vom Troxler verwürklicht. So reiht sich dr Mitarchidekt vo dr Bundesverfassig (1848) i die geischtigi Strömig vo de Rosechrüzer, vom katharische Niklaus von der Flüe, vom Jakob Böhme, vom Paracelsus, vo de Ufklärer, Klassiker, Idealischte u Romantiker, Lessing, Herder, Goethe, Schiller, Fichte u Novalis und so wyter.

Achtzähhundertnüünzäh wird dr Troxler nach Luzärn a ds Gymnasium beruefe, wo när ä begeischterti Schüeler:inneschaft fingt. Wiu aber syni freiheitliche Ideene dr Obrigkeit nid passe, mues är i ds Exil nach Aarau.

Mit äm Heinrich Zschokke lehrt är am Lehrverein, eigetlech ä Art vo Fortbiudigsschueu nach äm Gymnasium. Die freiji Schueu söu de junge Manne ä umfassendi Biudig, wo ou d Filosofie Platz het, vermittle. Für ä Troxler isch äs wichtig, dass ds Biudigswäse ohni Ymischig vo dr Chile u vom Staat sich frei äntwickle cha. Är kämpft für d Freiheit im Bildigswäse.

Frei isch aber lut Troxler Erziehung, wo rein mönschlechi Biudig aasträbt u dür Usseverhäutnis ke Hingernis erlydet. Und: Zwüsche Erzieher u Zögling besteit dr höchscht heilig Vertrag, wo unger de Mönsche abgschlosse wird.

Dr Lehrverein isch zur Pflanzschtätt vom Liberalismus, vo bedütende Pärsönlichkeite im nüünzähnte Jahrhundert worde. D Zyt vom Lehrverein, i dr Mitti vo sym Läbe, isch wou die glücklechschti vom Troxler.

Damaus git äs drü überuus bekannti Ärzieigsinschtitut: Ifferte vom Pestalozzi, Hofwil vom Philipp Emanuel von Fellenberg und der Lehrverein z Aarau vom Troxler u vom Zschokke. Si sy äs mönschheitlich-schwyzerischs Vermächtnis vom damalige Europa.

Am siebzähnte März achtzähhundertsibenezwänzg steit dr Troxler aus Arzt am Stärbebett vo sym Geischtesfründ Pestalozzi.

Achtzähhundertdryssg wird är Profässer u Räkter a dr Basler Universität. Studänt:inne empfange ihn begeischteret mit Hosiannarüef, doch scho nach achtzäh Monet mues är mit Schimpf u Schande Basu verla, wiu är sich für ds regenerierende Basulandschaft ygsetzt het. So isch äs scho äm Paracelsus füfzähhundertdrüefüfzg ggange.

Ab achtzähhundertvieredryssg isch är z Bärn Filosofieprofässer, bis zu syre Emeretierung achtzähhundertdrüefüfzg.

Am einezwänzigschte März achtzähundertachtevierzg, bir Tag- u Nachtglychi, schaffet die vo dr Tagsatzig bbiudete Kommission a rä neue Bundesverfassig. Dr vorhärgangnig Sonderbundschrieg het die beide Lager, Föderalischte u Unitarier, äntzweit. Hie Kantönligeischt, dört Zentralismus. D Kommission chunt nid vom Fläck. Drum geit dr Melchior Diethelm, dr Schwyzer Verträter, zum Troxler, sym ehemalige Lehrer, u fragt nä um Rat. Dr Troxler git ihm syni Schrift über das amerikanische Zwöichammersyschtem. I dere het är, ächt eidgenössisch, ä Nationalrat u nä Ständerat vorgschlage. Die Schrift bespricht dr Diethelm mit äm solothurnische Verträter Joseph Munzinger. Zäme propagiere si das Zwöichammersyschtem – u äs wird ohni Müei vo dr Mehrheit aagno. Dr Fride unger de polarisierende Chräft cha so grettet wärde, u dr Schwyz cha so nachhautig äs geischtigs Fundamänt ggä wärde, wo am 12. Septämber achtzähhundertachtevierzg i Chraft tritt. Äs ähnlechs Biud wie äm Zschtangcho vom Stanservorkommnis vierzähhunderteineachtzg, wo dr Niklaus von Flüe dr Zämehaut vo de Eidgenosse grettet het. I däm Zämehang äs bsungers Detail: Dr einezwänzigscht März isch nid nume Tag- u Nachtglychi, sondern ou im Chilekaländer äm Niklaus von Flüe gwidmet …

Achtesibezgjährig nimmt dr Troxler a dr Drühundertjahrfyr vo dr Universität Jena teil. Achtzähundertnüünefüzg stirbt syni tröji Frou – er überläbt se um sibe Jahr u stirbt am sächste März achtzähhundertsächsesächzg sächseachtzgjährig z Aarau.

Aphorisme zu sym Wärk u Läbe

Äm Troxler syni Filosofie würkt i ds Läbenspraktische: i nä ganzheitlichi Heilkunde, i nä umfassendi freiheitlichi Pädagogik u ine gseuschaftlich freiheitlichi Staatverfassig.

Aus praktische Arzt dient är äm Mitmönsch ganz konkret u individuell.

Dr Troxler isch ä pflichtbewusste Familievatter u Verehrer vo syre Frou. Wo sy Vatter stirbt, isch är erscht sächs Jahr aut. Am Tod vo drü vo syne Ching, wo när aus Arzt nid cha verhingere, lydet är unändlich – aber drdür öffnet sich sym Wäse die geischtig transzendänti Wäut. Ou syre Mueter giut syni uverbrüchlechi Liebi.

Was eim uffaut i dr Biografie vom Troxler, isch syni Sicherheit i Schicksausentscheidige: Är studiert in Jena, dr damaligi Hochburg vo dr Filosofie. Är echauffiert sich immer wider über die bornierti Staatsgwaut, entfacht Stryt, ä öffentlechi Usenangersetzig. Äs geit ihm immer wider um kreativi Freiheitsrächt, won är dr Macht vo dr Staatsgwaut abringt. Dä Kampf bringt syre Familie immer wider grosses Leid. Doch us dene Kämpf entwicklet sich letschtlich d Regeneration, dr nöi Bundesstaat. D Ziurichtig vom Troxler isch vo Aafang aa klar:

D Wahrheit macht nid nume frei, si macht küehn. Churz, i mir wird immer klarer – vo Grund uf mues d Schwyz revolutioniert wärde.

Die reschtaurativi Heiligi Allianz vom Graf Metternich, wo ou Spione i dr Schwyz gha hei, charakerisiert ihn u unbekanntr Quelle so: «Troxler, unter den Schriftstellern der Schweiz, ist vielleicht der Gefährlichste.»

Dr Troxler schrybt einisch: «Ich finde mich zu sehr geliebt und gehasst, um eigentlich glücklich zu sein. Freunde und Feinde übertreiben es mit mir.»

Syni Anthropologie besteit us vier Elemänt, vo dene immer zwöi enang gägenüberstö: Geischt – Körper, Seu – Läbe. Über ds Läbe seit är: «Das Leben ist der Ursprung und das Substrat von aller Idealität und Realität.»

Zmitts i syre Tetraktis steit ds Gmüet, ds Ich, d Individualität. Für ä Troxler isch das die höchschti, äm Göttliche sich aanäherndi Mitti im Mönsch. Ds Gmüet steit zmitts zwüsche Spiritualismus u Materialimus u Idealismus u Realismus.

D Filosofie ergänzt u volländet dr Troxler dür d Mystik, so wird si zur Filosofie vom Übersinnliche.

Die drü Vornäme vom Troxler si zuglych ou syni Läbensmotiv: Im Name Ignaz hei mir sys Füür. Är isch würklech ä Füürgeischt gsi im Kampf gäge die retardierende Chräft, i dr Begeischterigsfähigkeit für syni Schüler, i dr Ziuschträbigkeit vo syne Ideau, wo söue real wärde. Im Name Paul isch das Paulinische usprägt:

Er redt vom Liecht, wo när gseh het, wo ihm Gwüssheit vom Geischtige git. Är isch ä Initiierte. Vitalisch, dr Name Vital, isch ds Programm vo sym Läbe. Mit gröschter Vitalität gstautet är sys Läbe. D Biosofie isch d Grundlag ou grad vo sym Bruef aus Arzt.

Sy Geburtsort Beromünschter isch ou ä Ort vore geischtige Publizität u Mitti vor Schwyz:1470 äntsteit dört die erschti Druckerpress vor Schwyz. Vo Beromünschter us sändet dr erscht dütschwyzerisch Landessänder – im Zwöite Wäutchrieg eine vo de wichtigschte Nachrichtekanäu. Am 28. Dezember 2008 schautet dr 77 Jahr aut Sänder Beromünschter ab u wird zu Radio DRS.

Dr Friedrich Eymann (1887–1954), ou ä troxlerischi strytbari Natur u Begründer vom Troxler-Verlag z Bärn, het vom Troxler gseit: «Während seine philosophischen Schriften jene Ruhe und Besonnenheit, den Gedanken in seiner Tiefe und Schönheit zum Erlebnis bringen, lernen wir im Politiker einen leidenschaftlich und streitbar Partei ergreifenden Menschen kennen.»

U dr Peter Heusser, wo aus Arzt syni Dokterarbeit über ä Troxler verfasst het, het gschribe: «Dass Troxler die Medizin auf dem Boden einer solchen Wissenschaft des Übersinnlichen neu begründen wollte, macht seine eigene medizinhistorische Bedeutung aus.»

Dr hüt no immer grassierendi Agnostizismus verunmöglecht die augemeini Anerkennig vom Troxler syne Verdienschte um ä umfassendi Anthropologie.

Im Troxler sym Läbe spieglet sich dr dramatische Verlouf vo dr Helvetik, dr Mediation, dr Reschtauration u dr Regeneration i dr erschte Häufti vom nüünzähte Jahrhundert.

Dr Bildungstrieb vom Volksgeischt, so het dr Troxler gschribe, würkt dür ds Gmüet (d Individualität) vo schwyzerische Pärsönlichkeite u Prophete.

D Eröffnig vo dr Gedänkusschtellig vom Kunschtmaler Ernst Müller (1926–2002)

Vierte Septämber 2004
Zämefassig vom frei gschprochene Vortrag

Liebi Erika, liebi Familie Müller, liebi Gescht

Ernst Müller u ds Schlössli

Dr Ernst Müller het mi mehrmaus porträtiert. I dene Stunge, aber ou i süschtige Atelierbsueche, hei mir üs immer wider über Gott u d Wäut ungerhaute. Immer wider het är druf higwise, dass är, wien ig, ä Heimleitersohn isch. Är im Wysseheim z Bärn, ig im Schlössli Ins. Und dass är aber jetz Biuder malt, ig aber Ching u Jugendlechi betröije. Doch syni Biuder syge syni Ching. Dört versuech är ou, wien ig im Schlössli, Ganzheite z gstaute. Beidi sy mer sässhaft im Seeland. Är sit 1949 z Erlach, ig sit 1953 im Schlössli z Ins. Drü vo syne Ching sy aus Mitarbeiter:inne oder aus Schüeler:inne im Schlössli gsi.

Ernst Müller aus Kentauermönsch

Dr Ernst Müller isch immer wider uf äm Ross dür ds Seeland gritte. Ä Ritter isch, wie chuum süsch ä Mönsch, mit dr Natur vom Ross verbunge. Är biudet äs Ganzes mit äm Ross. So chunt mer dr Ernst Müller wie nä Kentauer vor, haub Mönsch, haub Tier. Die griechisch-mythologischi Ärfindig zeigt dr Mönsch no i dr Harmonie mit dr Natur. Dr Kentauer isch ä Wüssende vo dr Naturwysheit. Im Chiron zeigt d Mythologie ä Kentauergstaut aus Heiler und Ärzieher vom Asklepeios, däm Urarzt. Dr Chiron isch später vom Herakles verwundet worde u är het sys Läbe äm Prometheus verschänkt. Dr Chiron isch im himmlische Stärnbiud vom Schütz verewigt worde.

Dr Ernst Müller isch äbe ou so nä Kentauermönsch u Heiler, ä Ganzmacher. Är zeigt sich oft ou verletzlich u het a dr Uvoukommeheit vo dr Wäut glitte. Mängisch isch ihm vorgworfe worde, syni Biuder zeigi ja nume die heili Wäut. Währendessi d Wäut i Brüch giengi. Är het drzue gmeint, dass äs äbe syni Kunscht bruuchi, um d Mönsche z heile. Syni Biuder sygi ä heilendi Wäut. So sy syni Biuder nid nume modern, sondern postmodern. U zukunftswysend, wiu si d Natur (ds Ross) integrieri, ja uf ä nä höcheri integrali Äbeni sublimieri. Nid wie äm Jean-Jaques Rousseau (1712–1778) sy Ruef «Zurück zur Natur». Äs bruuchi hüt äs Sueche nach ä rä ganzmachende spirituelli Ökologie, mit äm «Vorwärts zur Natur».

Polarität Chaosform

Dr Künschtler muess usem Nüt schaffe, um Aues nöi ine Form, ine Gstautig chönne z bringe. Dr Friedrich

Schiller (1759–1805) zeigt uuf, dass dr künschtlerisch Prozäss us dr Polarität Stofftrieb u Formtrieb i näs Dritts sich verwandlet, nämlich i Spiutrieb. Erscht im Spiu isch dr Mönsch ganz Mönsch. Im absichtslose Spiu zwüsche Materie (Sang) u Form (Gstautig) spiut ds Ching im Sang. I dere Mitti entsteit erscht Kunscht. Us dere Polarität Liecht u Dunkelheit entstö d Farbe, zwüschem Unbewusste u äm Bewusste entsteit ds Biud. Äm Ernst Müller sys Wärch umgryft die Polarität: skizzehaft, nume aaddütet u viudütigi Biuder einersyts. Angersch die virtuose, eidütige Porträts. Dunkelschti Biuder reihe sich a ganz häui. Hie spiut eine zwüsche Chaos u Form mit Hang u Oug, dr präzis u doch offegglani Pinseltanz vom Künschtler.

Integrali Kunscht

Äm Ernst Müller sy Kunscht isch drum integrali, poschtmoderni Kunscht, wiu är ds Magische, ds Mythische u ds Rationale i näs höchers Ganzes integriert. Är isch i sym Wäse ä Sunnemönsch, wiu är ä dopplete Löi isch (Sunne u Aszendänt im Stärnzeiche Löi). Im Löieschtärnzeiche isch d Sunne deheime. Ds mönschleche Sunneorgan, ds Oug, het är usbbiudet, so dass är die üssere Naturbiuder i präzise inneri Biuder verwandlet het, se mit kunschtvouer Pinselarbeit uf d Lynwand bbracht het. Är het nid nach Luscht u Luune gschaffet, sondern us ere innere Verpflichtig. Das läbenslange unermüedliche Schaffe het ihn fähig gmacht zu dere Künschtlerschaft, wo mer jitz i dere Usschtellig chöi aaluege. So wärde die innere Biuder zu höchere heilende Biuder. Früecher het me settigi Biuder heiligi Biuder gnennt, wo zu Autarbiuder worde sy.

Ig wirde jetz sächs Biuder im Bsungere vorsteue. Ds erschte heisst

«Rot in Rot» (1990), Syte 58, Nr. 71

Das Biud isch i dr Dokumentation «Aus dem Schaffen von Ernst Müller, Erlach» z finde. Äs isch i dr Art einzigartig u zeigt ä rot pulsierendi Eizälle. Drum ume sy scho Gstautige z gseh. Äs chunt mer vor wie nä Uraafang, Urschprung, us däm, wo dr Künschtler handlet. Me chönnt se ou aus ä Urerzügig aaluege, us dere dr künschtlerisch Prozäss sy Aafang nimmt.

«Abendsonne – Thielle Damm» (1989), Syte 25, Nr. 24

Hie zeigt sich äs Biud am Ändi vom künschtlerische Prozäss: Ds Goud vom Himu spieglet sich im Wasser. Dunku füert üs dr Wäg (Damm) a Horizont. Dr Horizont isch ja immer dr Ort, wo dr Himu d Ärde berüert, das heisst ds Geischtige d Materie trifft. Das isch ja immer äs venusischs Prinzip. Im Zeiche vo dr Venus hei mir äs Ufenangerträffe vom Sunnerund mit äm Ärdechrüz. D Venus aus Prinzip vo dr Schönheit, dr Ästhetik, wott immer Geischt aus Idealgstaut i Stoff (Materie) ychegstaute. Dr Künschtler isch dr Verwürklicher vo däm Prinzip.

I däm Biud gseh mir ou no, wie d Aabesunne i See ychelüüchtet. Dr See, ds Wasser aus Wäut vo dr Seu. Ds Wysheitsgoud wird vom See ufgno. Die seelischgeischtigi Wäut überchunt dr bodefescht dunku Damm aus Widerpart. Druffe louft dr Mönsch uwiderrueflich sym Ziu enggäge. Äbe zum Horizont. Dört, wo Geischt u Materie sich träffe. Settigi Biuder mit däm Goud het me im Mittuauter aatroffe, wo dr Himu no goudig gmaut worde isch. Dr Goudhimu isch i dr Renaissance verschwunge. Dr Mönsch het ändgüutig dr physisch Plan beträte. Hie i däm Biud lüüchtet das Wysheitsgoud wider uuf.

Jetz no vier Biuder, won ig de vier Tämpäramänt zueordne. Drmit wott ig zeige, wie ganzheitlich ds Wärch vom Ernst Müller isch. Zwöi Tämpäramänt überchunt dr Mönsch bi syner Geburt gschänkt. Die zwöi angeri mues är sich äs Läbe lang erschaffe:

Frau (1979), Syte 43, Nr 49

Hie zeigt sich äs Biud, wo me cha ycheluege i die mythischi Wäut vom Ernst Müller. Äs isch syni eigeti seelischi Wyblichkeit, wo mer hie aaträffe. Dr C. G. Jung (1875–1961) het se Anima gnennt. Die blaui Frou zeigt die ganzi Melancholie vo dr Inneschou. Hie geits um d Gstautig vom Inneläbe. Die melancholischi Fähigkeit git äm Mönsch syni Innerlichkeit u Töifi.

Vor äm Gwitter (1993), Syte 39, Nr. 45

Hie gspürt me die ufziehende Gwitterwouke vo dr Cholerik. Dr Ernst Müller isch ä Künschtler vo dr Tat. Är het d Wäut vo syner Warte us wöue gstaute, ihre ä Stämpu ufdrücke. Die Füürchraft bruche mir.

Wiesel im Gstei (1985), Syte 57, Nr 69

Hie gspüre mer die ganzi heiteri Sanguinik. Ds häue Grüen mit äm häugraue Wiesel u Gstei isch hoffnigsvou u optimistisch. Dür ds ganze Biud wäit ä Liechtigkeit vom Sy. Dr Ernst Müller hei mer trotz sym Tiefgang immer wider heiter u beschwingt erläbt u mit viu Humor.

Zwo Froue (1964), Syte 57, Nr. 69
Die haub ligende u sitzende Froue ströme ä tröimendi Rue us. Hie hei mer die woutuendi Trägheit vo dr Phlegmatik. Hie isch Stoffwächsu wichtig. Hie möchte me härehocke u sich usrueie. D Waagrächti isch wichtig.

I dene Biudbetrachtige hei mir widerum die Viufäutigkeit vom Wärk vom Ernst Müller gseh. Äs steut dr ganz Kosmos vo lybleche, seelische u geischtige Erfahrige dar. Dank dere intensive Vorbereitig für dä Vortrag bin ig töifer i ds Wäse u Würke vo däm Wärk ytoucht. I danke öich drum für d Aafrag u ds Zuelose.

Ds nachfougende Gedicht vo syre Tochter Kristin Müller zeigt widerum ds Sunnewäse vom Ernst Müller. Äs isch am Todestag vo ihrem Vater gschribe worde:

Abschied im Widerfinden
Lieber Vater, Freund und weite Seele
Dein Sein entschwob, über die grosse Schwelle.
Lebendig, künstlerisch erfülltes Erdensein.
Wellig, philosophisch, mit manch Not und Pein.
Meine liebtragend, leuchtend, innige Gedanken
Sollen begleitend, helfend Dich umranken,
Dass Deine Reise durch des Geistesurgrund
Lichtgetragen, herzbeschienen, gleite sonnenrund!

Sonntag, 9.6.2002, zwischen 05.00 und 06.00 Uhr morgens

Anthroposophie

Wien ig aus Sibzähjärige aus Anthroposoph aagluegt worde bi, obwou ig nid gwüsst ha, was Anthroposophie isch

I bi aus Siebzähjährige i evangelisch Lehrer-Semer Murischtaude cho. Dä Semer isch damaus no schwär fundamentalistisch, stündelihaft, bigott, evangelisch gsi.

Mi het am Tag zwöufmau bbättet, obwou keim Semit ((Seminarischt)) das bewusst isch gsi. Dr Diräkter Fankhuser vo däm Semer, mir hei ihm Dire oder Fredu gseit, isch im Gägesatz zu sym Vatter, wo scho vor ihm Diräkter u no säubverschtändlich bibuglöibig isch gsi, het jitz Freud am Sigmund Freud's Sexualtheorie über cho. Das isch äm Fredu sy Revolution gsi: vor Bibu zum Freud. Drby isch är ä begeischterte Ärzähler vom Aute Teschtamänt gsi. Mit äm Nöje Teschtamänt, mit Chrischtus, het är nid viu chönne aafa.

Är isch stouz gsi, dass är ds erschte Mau ä Jüngling us dr Steinerschueu i sys Seminar het ufgno. Obwou ihm d Anthroposophie meh aus suschpäkt isch gsi. Är isch dr Meinig gsi, ä Schüeler vo dr Steinerschueu sygi Anthroposoph. So wie Jugendlichi us evangelische Kreise natürlich dr evangelisch Gloube verträte hei. Vili vo myne Mitschüeler si us Stündelerfamilie cho u hei i üsne Viererschleg am Aabe lut zu Gott bbättet u hei um Vergäbig vo ihrne tägliche Sünde bbittet. Dr Dire het nie begriffe, dass me i dr Steinerschueu zwar Verschidnigs lernt, aber sicher nid Anthroposophie.

Mir Steinerschüeler hei nid gwüsst, wär dr Steiner isch. Mir hei agno, dass dr Steiner für d Lehrer u Lehrerinne so nä Art Heilige isch. I jedem Schueuzimmer isch äs Biud vom Steiner ghange. I dr nüünte Klass hei mer üs de öppe nach dr Schueu ä pubertäre Streich gleischtet: Mir si dür aui Klassezimmer u hei d Steinerbiuder umgchehrt, so dass dr Steiner über d Nacht het müesse gäge d Wang luege. Das isch ungfähr my einzigi Beziehig zum Steiner gsi. Dass üsi Lehrer zunenang gseit hei: «Der Doktor hat gesagt», Abchürzig: DDHG, hei mer damaus no nid gwüsst, aber später süffisant kommentiert. Ou das komplizerte Wort Anthroposophie hei mer aus Schüeler nid chönne ussprӓche.

Für ä Dire bin ig aber ä Anthroposoph gsi u är isch stouz gsi, so tolerant z sy, dass är ä Anthroposoph i sys evangelisches Seminar het ufgno. Mir hei ja vili Religionsstunge gha. U ig weis no, wo mer d Kirchegschicht hei düregno, isch me uf das Wort Gnosis cho. Gnostiker si so öppis wie Anthroposophe i de erschte Jahrhundert gsi u Gnosis het eigetlich Erkenntnis gheisse. D Evangeliker hei d Erkenntnis nid gärn gha, drfür dr Gloube. U i ha sofort gmerkt, dass si die Gnostiker suschpäkt gfunge hei. U si hei zu mir häregluegt, aus wüssi ig, was Gnosis bedütet. I bi hei zum Ätti u ha nä gfragt, was das syg, Gnosis. De han i schnäu begriffe, dass myni Pfärrer die gnostischi Richtig nid hei gärn gha.

Scho damaus han i gmerkt, dass si äs angers Wort gärn hei: Gnad, Gnad Gottes. Das isch aber de für mi äs Uwort worde. Schlimm, dass me uf Gnad Gottes aagwise söu sy. Damaus für mi schrecklich. Für mi isch das evangelische Chrischtetum zum Erbräche gsi.

Das Sichducke ungerem Säge Gottes, ä Quau. Das Sunntigschrischtetum: äm Sunntig chrischtlich u a dä Wärktage für ä Profit u für ä Kapitalismus.

I ha natürlich im Religionsunterricht ekligi Frage gsteut: «Wie isch de das, we me gstorbe isch, u unger äm Bode verfulet u bis zum jüngschte Tag warte mues, bis ändlich die Uferstehig chunt?» Si hei de mir äs Frageverbot ufbrummt. Gäge Ändi vom Semer hei mir mau äs paar Wuche dr theologische Profässer Klaus Schädelin gha. Är het üs d Bärgpredigt ungerrichtet. Ds erschte Mau han ig gspürt, mou, die Ussage vo Chrischtus si ylüchtend, mou, die Bibu isch äs Buech, wo viu Läbeswärts drin steit. Dr Profässer Schädelin isch äbe kei Fundementalischt gsi, kei Evangeliker, sondern ä geischtvoue Intellektueue. Mi het sys eigete Dänke drby bbruucht. Äbe nid bigott.

I bi de scho i dr Semerzyt nach Stuttgart gfahre u ha dört i de anthroposophische Bruefsfindigswuchene dr Chrischtegmeinschaftspfarrer Friedrich Benesch lehre kenne. Dä het üs zum Byschpiu i ds ganze chrischtleche Drama vo dr Karwuche ygfüert. Jitz han ig plötzlich ä Beziehig übercho zum läbige Chrischtetum. Drzue han ig Büecher gläse vom Emil Book. Är fuert eim i aus y, was i dr Bibu steit. Mou, das isch äs Chrischtetum, won ig cha aanäh.

Doch bin ig am evangelische Seminar dankbar: Immerhin kenne ig d Gschichte u Ussaage i dr Bibu. I dr Steinerschueu heimer nie öppis drvo ghört. Was Anthroposophie isch, han ig de meh u meh begriffe. Obwou i mi nie aus Anthroposoph usgibe. So wien ig ou nie würd säge, ig sygi ä Chrischt. Chrischt sy isch vilecht äs Ziu, aber kei Zueschtand.

D Anthroposophie vom Steiner isch mer meh aus lieb. Ou wen ig no lang nid aus verstange ha. I la nume das a mi häre, wo zu mir passt, u ig cha integriere. Doch düre Steiner sy mir d Pädagogik, d Kuuturgschicht, d Landwirtschaft, d Gseuschaftskund u no angersch läbig u sprituell worde. Ohni die Aaregige chönnt i mir mys Läbe gar nümme vorsteue.

Vilecht isch die Vorschtellig im Semer, dass i ä Anthroposoph sygi, gar nid so fautsch gsi, o wen ig damaus no nid gwüsst ha, was das Wort Anthroposophie bedütet.

Ä Anthroposoph isch ou mängisch ä keine

Was isch de überhoupt ä Anthroposoph? Das isch ä Mönsch, wo d Gedanke vom Rudolf Steiner über d Wäut u über ä Mönsch ä chli kennt. Auso ä Wäutsicht, wo dr Mönsch umfassend beschrybt i syre physische, ätherische, seelische u geischtige Dimension. Dr Steiner erwyteret äm Goethe syni Naturerkenntnis u syni Dichtig, zum Byschpiu im «Faust». Är äntwicklet äm Schiller sy Spiutrieb zwüsche Form- u Stofftrieb, idäm är seit, dass aui kuutureue Beschträbige müesse dürkunschtet wärde. Auso äs bruucht ä Erziehigskunscht, ä Gsundheitskunscht, ä Staatskunscht, ä Landwirtschaftskunscht, ä Wirtschaftskunscht. Dr Künschtler muess aber frei sy. Ersch denn äntsteit öppis Nöis u Kreativs.

Aber wie handlet de ä Anthroposoph? Är handlet immer us ämene Ganze use. Syni Handlige sy moralisch. Dr Steiner meint drzue: Nid nume us de Triebchräft, nid nume us dr gseuschaftliche Norm use handle, sondern vor auem us dr moralische Fantasie, us dr Intuition. Dr Pestalozzi het's no ylüchtender gseit: «Der Mensch ist Werk der Natur, ist Werk der Gesellschaft, ist Werk seiner selbst.»

Das Wort Anthroposoph bezeichnet ä Mönsch, wo im umfassende Sinn mönschlich handlet. Mir gseh, dass isch ä Titu, unger däm chuum eine cha desumeloufe. I säuber, wo mys Läbe lang Steiner gläse ha, würd mi nie als Anthroposoph betitle. Das wäre z grossi Schue für mi.

Die, wo sich Nid-Anthroposophe nenne, luege öppe kritisch uf die sogenannte Anthroposophe, um z zeige, was das für Karikature syge. Doch das sy äbe grad keni Anthroposophe. Si sy vilecht, wes guet geit, Fasch-Anthroposophe. Doch ou bi dene houperet's, wie bi angerne, bi dr Morau, bim Umwäutbewusstsy, bim Soziale, bim Gsungässe, bi dr Beziehigsfähigkeit. Äs mönschelet äbe überau ä chli u mängisch ou ä chli viu.

Dr Steiner isch nid ds Problem, sondern die, wo sich Anthroposophe nenne. Das chönnt me ou zue de Chrischte säge. Nid d Bibu oder dr Chrischtus sy ds Problem, sondern die, wo sich Chrischte nenne, au die Fundis u theologisch Intellektueue.

Die anthroposophischi Bewegig isch wäutwyt – überau, wo äs Waldorfschuele git. Isch das äs Glück für d

Ching. Si sy nid im Stress, schnäu öppis müesse z lehre. Si überchöme Zyt drfür. U jedes Ching wird akzeptiert, unabhängig vo Charakter, Äntwickligsschtang oder Härkunft. Die biodynamischi Landwirtschaft isch syt dr Begründig düre Steiner uf aune Kontinänte verträte. Hie git's Chüe mit Hörner. Dr Komposcht aus Dünger. Keni Peschtizid. Me seit, dr Wy vo de biodynamische Wybure syg dr chüschtigscht. Die anthroposophischi Medizin geit vom gsunge Mönsch us u wott syni Immunität sterche. Die anthroposophischi Stärbebegleitig zeigt ä Wäg über ä Tod use. Die anthroposophische Künschtler:inne wei, dass jede u jedi zum Künschtler oder zur Künstlerin wird. Die anthroposophische Wirtschafter wei, dass äs ä läbändige Ustuusch git zwüsche dä Produzänte u Konsumänte. Für ä Steiner sy ou Schwärschtbehinderti vollwärtigi Mönsche. Jedes Läbe het ä Sinn. Vilecht isch das ä Vorbereitig uf ä näs nächschts Läbe.

Eigentlich git's gar keini Anthroposophe i Reinkuutur. Si sy wie näs Stückwärk, vilecht bewege si sich i di richtige Richtig, aber sy no lang nid äm Ziu, wie mir aui. Schüsch luege mer doch uf aui üsi Problem. Mir sy ds Problem. Aui üsi Uvoukommeheite mache üsi Ärde zu rä Kataschtrofe-Ärde. Gö mer i die richtigi Richtig. Aber mache mir üs nüt vor. Mir sy no ganz am Aafang vo dr Schöpfig. Doch jitz müesse mir Mönsche das ohni Gott schaffe. Vilecht ou mit ihm.

Myni Büecher

D Dunkuheit aus Mueter u ds Liecht aus Vatter vo de Farbe. Mys Farbebuech.

D Farbe zwüsche dr Dunkuheit und äm Liecht hei mi scho früech fasziniert. D Farbe bestö nid nume us äm Liecht, wie dr Isaac Newton bbhouptet het. Das de scho gar nid. Scho i dr sächste Klass han ig dür näs Prisma gluegt u feschtgsteut, dass a de Ränder drzwüsche häll- u dunkufarbigi Ränder entstö. Am einte Rand blau-violett u am angere Rand gäub-rot. Immer dört, wo dr Kontrascht am sterchschte isch, git's die intensivschte Farbe. U we me de die farbige Ränder uf dr hälle Syte zämebringt, so vermische sich Blau u Gäub zu Grüen und ä wunderbare Rägeboge äntsteit. Bringt me de die farbige Ränder uf dr dunkle Syte zäme, addiere sich Gäub-Rot u Violett zumene gheimnisvoue Purpur. Äs reins Rot, Purpur, heisst ja ou Rein-Rein. Mi seit ihm ou Magenta.

Dass das scho fasch die ganzi Farbelehr vom Goethe isch, han ig ersch später begriffe. U näs angers Experimänt het mi immer wider erstuunt: We me mit ämene rote Schynwärfer Schatte wirft, isch dr Schatte schwarz. U aus angere rot. U we me jitz mit ämene wysse Liecht dä Schatte ufhäut, so wird är grüen. Vo wo chunt das Grüen, we me doch nume rots u wysses Liecht projiziert? I weiss äs nid. U die hütigi Wüsseschaft versuecht das z erkläre, aber äs isch no niemerem so richtig gglunge. I bi immer wider froh, we me öppis nid cha erkläre. Dä farbig grüen Schatte isch uf jede Fau da, komplementär zum Rot. Mi cha das ou mit angerne Farbe projiziere u dr Schatte isch immer komplementär. Dr Goethe verwyst uf ä grüen Schnee, we d Sunne bluetrot ungergeit. I ha das mau in Russland gseh: Wo mer äm Abe vo Oschte nach Weschte im Winter i rä wysse Schneelandschaft gäge Moskou gfahre sy, isch d Sunne bluetrot im Weschte ungerggange. U dört wo ds Rot nid isch härecho, auso dr Schatte vo dr Sunne isch, isch dr Schatte gheimnisvou smaragdgrüen.

I ha jahrelang Experimänt zur Farbelehr vom Goethe mit Ching, Jugendleche u Studänt:inne gmacht. Drby isch am Goethe syni Farbelehr gar ke Lehr gsi, sondern ä Sammlig vo tuusig Beobachtige. De han ig doch Luscht gha, äs Farbebuech ufrgund vo myne Erfahrige z mache: U i zeue jitz ä chli uf, was i däm Buech steit. Eigentlich isch das dr Ufbou vo au myne Farbekürs: I bi immer vo dr müglechscht absolute Dunkuheit usggange. Auso, mir sy äm Aafang i dere Dunkuheit gsässe u hei üs gfragt, was Dunkuheit isch, was si für eim säuber isch. Äs isch d Mueter vo auem. Dr Urschprung. U was isch ds Liecht, wo jitz mit dr Taschelampe ychezündet? Dr gradlinig Strau isch öppis Männlechs, we Dunkuheit doch öppis Runds, Innerlechs isch. Liecht gseht me nume, wes uf äne Oberflächi strahlet, uf äne Gägeschtang, uf Materie. Liecht säuber gseht me nid. Nume d Lichtqueue u d Reflektion vom Liecht. Im Wäutau lüchtet d Sunne. Doch ihres Liecht gseht me ersch i dr Reflektion, zum Byschpiu uf äm Mond. Ds geischtige Liecht bruucht Materie, damit äs sichtbar wird.

I zeige de i mym Buech, wie dür d Trüebi, wo vor äm Liecht isch, die schöne warme Farbe entschtö, wie

Gäub, Orange, Rot, wie bim Sunneungergang. U we d Fyschteri ufgheut wird, Blau u Violett äntsteit – wie zum Byschpiu dr blau Himmu ufgheeuti Dunkelheit isch.

I erkläre d Rägebogegeometrik. I ha säuber Rägebogeinschtrumänt entwicklet. Dr Rügge gäge Sunne gchehrt, chani im Rägetropfevorhang vilecht sogar ä Drühundersächzg-Grad-Rägeboge gseh. I filosofiere über ds Grüen zmitts im Rägeboge u bi dä Pflanze. Ds Grüen zwüsche Himu u Ärde. U de über das eigenartige Purpur aus ethischi Chraft zwüsche de warme u chaute Farbe, zwüsche Trieb u Erkenntnis.

I steue dr Prozäss vo dr Addition dar. Dass zum Byschpiu Violett u Gäub-Rot ufenang projiziert Purpur git, oder Gäub-Rot u Grüen-Gäub, oder Grüen u Violett äs reins Blau. Das sy bsungeri Ärläbnis, chuum z begryfe. Die komplementäre farbige Schatte sy no meh äs Wunger. I wyse uf d Farbelehr u Praxis vom Vincent van Gogh hi. Syni Biuder sy eigentlich heiligi Biuder, archteypischi Urbiuder. Ou starch mit komplemäntäre Farbe.

I verzeue vo energetische, seelische Farbe, öppe bi de Chakre u de sinnlich-sittliche Farbe, wie se dr Goethe darschteut. De zeigen ig Farbzämehäng i dr Aschtrologie, dass me ä jedem Planet u jedem Stärnzeiche ä Farb cha zueordne.

Mys Farbebuech steit ganz i dr Tradition wo de Manichäer. Die Liecht-Finschternis-Filosofie zeigt äbe ds Ganze. So wie dr Mönsch nid nume us Liecht besteit, sondern äbe ou us Schatte. Das git ihm de ou die Farbigkeit. Mit ämene Gedicht vom persische Dichter Hafis (1324–1390), wo drzue passt, schliesse ig myni Usfüerige:

Solange wir im Licht sind
Wir werfen Schatten weit.
Erst wenn wir einmal nicht sind,
Sind wir vom Leib befreit.

Solange wir auf der Welt sind,
Es wechselt Nacht und Schein.
Erst wenn wir ganz erhellt sind,
Wird ewig Sonne sein.

Mys Stärnebuech fat am Lago Maggiore aa. Dank äre Lungeäntzündig

Dank äre Lungeäntzündig bin ig i d Casa di cura z Ascona cho. Dört han ig zersch mau i mym Läbe gmerkt, dass ig Müei ha mit Schnuufe, wen ig dr Bärg z düruuf gloffe bi. Nid, dass mi das fescht gstört het. I ha eifach ä chli weniger schnäu dr Bärg z düruuf chönne loufe. U ig bi aus Choleriker ä chli meh Phlegmatiker worde. Eigentlich mys Wunschtämperamänt.

I dere anthroposophische Casa di cura isch äs de ou phlegmatisch zue und här ggange. I ha Guets u Gsungs z ässe gha, ha mi la verwöhne bym Massiere u bir Heileurythmie. Ha interessanti Pärsönlichkeite lehre kenne. Bi i ds Stetdtli abe a See go flaniere u go tschille. Das Dolce far het mer gfaue.

Us mym Zimmerli han ig schön uf ä Lago Maggiore abe gseh. Dört han ig vom Aabe ufe Morge vom dryzähnte zum vierzähnte März zwöituusigusächs sächs vo de sibe klassische Planete gseh, we me d Sunne u dr Mond ou dr zuezeut:

D Sunne versinkt im Weschte hinger dä Bärge. Gägenüber äm See gsehn ig dr Schatte vo dr Sunne langsam gäge dr Bärggipfu uechewandere. No einisch lüchtets a dr schneebedeckte Spitze u verschwindet im Himu. So hei's die aute Ägypter a dr Pyramide beobachtet: D Sunne geit i Himu, i die geischtigi Wäut. Wie näs farbigs Wunger verwandle sich d Farbe uf äm See.

Nach de sibne gseht me scho dr Orion u dr Sirius. Näbe dra isch dr Stier. Zwüsche syne Hörner gsehn ig dr rötlich Mars. Ungerhaub vo de Zwillingsschtärne nimen ig dr Saturn mit miudem, i sich ycheluegendem Liecht wahr. Ab de zähne isch dr Faschvoumond im chräftige Löi. Znacht äm drü isch jitz ou dr Jupiter i dr Waag ufggange. Sys Liecht lüchtet majeschtätisch nach use. Früe am Morge, d Dämmerig het scho aagfange, funklet im Südoschte dr Morgeschtärn Venus. Jitz isch dr Tag aagseit, dr Schatte vo dr Sunne gägenüber wanderet nach abe a See. D Sunne isch wider zrüggcho vo dr geischtige Wäut. Ds Tagwärk chunt i Gang.

So han ig i eire Nacht us mym Zimmerli die Planete chönne gseh u gspüre. Nie i mym Läbe nachhär han ig das so konzentriert ärläbt. Äs isch für mi wie nä Yweihig oder ä Erlüchtig gsi. U uf jede Fau dr Aafang vo mym Stärnebuech «Sternenkunde integral». Äs het de no drü Jahr dduuret, bis ig mys Manuskript mit au de Illuschtratione zämebbracht ha. Aber dr Aafang vom Aafang isch ä Lungeäntzündig gsi. Nach dere nachhautige Krankheit han ig müesse ga kuure. U dört han ig d Aafang gfunge, mi nachhautig mit dä Stärne z beschäftige, aschtronomisch u aschtrologisch, äbe integral.

I mym Buech verzeue ig, was de das eigetlech sygi, die integrali Stärnekund. Ja, ganz eifach: I gseh, wie das dr Tycho Brahe u dr Johannes Kepler praktiziert hei, Aschtrologie u d Aschtronomie nid aus sich gägesytig usschliessend, sondern i verschiedene Bewusstsynsschichte sich ergänzend. Drzue ghört ou d Phänomenologie vo dä Stärne. Das, wo mir täglich u nächtlich gseh, ohni müesse z wüsse, was sich drhinger verbirgt.

Dass Stärne üs i ihrer Drüheit erschyne, han ig dokumentiert: Stärnbiuder aus dr Lyb, Planete aus d Seu, d Komete aus dr Geischt vom Himu.

I zeige aui Stärnbiuder i de zwöuf Tierkreisregione. I erkläre mys Tycho-Brahe-Aschtrolabium, äs Stärnebeobachtigsgrät. I rede über Doppuschtärne, Novä, Stärnhuufene, ds Miuchschtrassesyschtem, Andromedanäbu u schwarzi Löcher. I charakterisiere d Planete aschtronomisch.

I steue d Aschtrologie vor: die siderischi, die tropischi u die heliozäntrischi. De d Planetequalitäte, die zwölf Tierkreiszeiche u myni zwöuf Tierkreisschprüch.

I zeige bsungerbari Stärnekonschtellatione: dr Stärn vo Bethlehem, d Parzivau-Aschtronomie, die vierfachi

Konjunktion mit dr gröschte Supernova sächzähundertvier, die säubscht erläbti Sunnefischternis im Ouguscht nüünzähhundertnüünenüünzg.

I zeige verschidenschti aschtronomischi Wäutbiuder. Zum Byschpiu die geozäntrische u die heliozäntrische u dass si aui richtig sy.

I gibe Yblick über verschidnigschti Rhythme: Tag, Wuche, Monet, Jahr, biografischi Rhythme, Rhythme vo de Zytgeischter, dr platonisch Rhythmus im Zämehang mit de Kuuturepoche. De dokumentiere ig Vorschtellige vo de Ärde- u Mönschheitsentwicklige, vo de Planetesphäre nach äm Tod u dr nöje Geburt, i zeige die biodynamische Praxis mit de Tierkreischräft, rede vo de verschidene Farbe vo de Stärne u zeige zum Schluss didaktischi Zämehäng.

Äs wunderschöns Buech. Leider mues ig das säuber säge, wiu's no viu zweni ou so finge. Äs isch uf Tschechisch übersetzt worde u uf Dütsch vergriffe. Me cha's aber ou antiquarisch finge. Au das het aagfange mit äre Lungeäntzündig. Chrankheite chöi doch ou Guets bewürke!

Warum de grad äs grosses Parzivau-Buech?

I ha d Parzivau-Gschicht z erschte Mau i dr füfte Klass i dr Rudolf-Steiner-Schueu vo dr Frou Zumbühl ghört. U zwar im Handarbeitsunterricht. Mir hei mit Chrüzlischtiche farbigi Biuder härgsteut. Drzue het si üs d Parzivau-Gschicht verzeut. I kenne zwar dr Zämehang vo Chrüzlischtich u Parzivau-Gschicht no hüt nid, aber die Gschicht het mer damaus sofort gfaue. Si gfaut mir hüt no.

Später het de dr Ätti us Ching Gralsritter gmacht. Drufabe han ig aagfange, ä Gralsburg z boue. Dä Turm steit hüt no. Drzue het mi ds Rosechrüz beschäftiget. I ha de us farbigem Sydepapier äs Biud gmacht u has a ds Fänschter ghänkt. Dass die zwöi Sache ä Zämehang hei, han i viu später gmerkt.

Aus Lehrer han i de immer wider die Parzivau-Gschicht de Schüeler:inne verzeut, später de de Studänt:inne i dr künschtlerische Akademie z Prag u de o aus Gaschtprofässer a dr lettische Universität z Riga, dört de Germanischt:inne.

I ha i au däm Ungerricht viu über die Gschicht glehrt, und ou, wie die Gschicht aachunt. Da han ig Gluscht übercho, das aues ufzschrybe. I ha mir vo Aafang aa gseit, äs müessti de grad äs «Grosses Parzivau-Buech» sy. Das isch äs de ou worde.

Dr Ufbou vo däm Buech wott ig hie grad ä chli ufzeue: Zersch brichten ig vo dere Gschicht usfüerlech, wie si dr Wolfram Eschenbach im Jahr zwöufhundert, aus eine vo dä wichtigschte Troubadoure, vorgsunge het. Natürlich damaus im Mittuhochdütsch, sehr ähnlech wie ds hüttige Bärndütsch.

Zersch brichten ig vom Vatter vom Parzivau, äm Gahmuret, u dr Schwarze Mueter, dr Belakane, u äm schwarz-wyss gfläkte Feirefis. De vom Parzival u syre

Mueter, dr Herzeloyde. Vo syre Geburt u vom Läbe i dr Einsamkeit. Jitz het dr Parzivau aber wöue Ritter wärde u isch zum Chünig Artus. Dört het är sich dürne Kampf mit äm Rote Ritter Harnisch u Ross erstritte u sich so säuber zum Ritter gmacht.

So chunt är de zu sym Lehrer Gurnemanz, wo ihn i ds Ritterhangwärk yfüert. Nächär trifft är die schöni Kondwiramur, zu Dütsch Liebesfüererin, u hüratet se. Scho isch är wider wäg u fingt ds Gralsschloss mit äm lydende Amfortas u gseht dr Gral, wo aui spyst. Doch är steut die entscheidendi Frag nid u isch scho wider vertribe us däm Gralsgebiet. Scho gseht är die drü Bluetstropfe im Schnee u är verbindet sich meditativ mit syre Frou. Dört fingt nä dr Gawan u füert nä i d Artusrundi, won är aus gröschte Ritter gfyret wird. Doch de chunt d Kundry aus Gralsbotin u verfluecht dr Parzivau, wiu är die Frag nid gsteut u so dr Amfortas nid vo syne Lyde erlöst het.

D Gschicht geit de churz zum Gawan, zu syne Erfahrige mit äre Chindfrou u äre bezoubernde Edufrou.

Dr unglückliche Parzival irrt füfehaub Jahr desume u verfluecht ännttüüscht ou Gott. Bim Eisidler Trevrizent wird är ygweiht i au die Parzivau-Zämehäng u versöhnt sich wider mit sich säuber u mit Gott.

De geit die Gschicht zgrächtem zum Gawan. Hie wird verzeut, wie dr Gawan sich säuber i Dienscht vo dr stouze Orgeluse steut, si ihn aber höhnisch ablehnt. Dr Gawan eroberet die Zouberburg Schastel Marveile, wo vierhundert Froue ygsperrt sy u befreit se. Für d

Orgeluse mues är de no ä letschti Prüefig besta: Är mues mit äm Ross über nä Fluss springe u ihre dört vomene Lorbeerboum ä Zweig mitbringe. Jitz zeigt sich d Orgeluse ihm gägenüber z erschte Mau liebend. Ändlech het är sys Troubadourziu erreicht.

Dr Parzival mues aber no ä Kampf mit sym Haubbrueder Feirefis besta. Die Brüedere versöhne sich. Beidi ryte zur Artusrundi. Äs git äs grosses Fescht. De chunt d Gralsbotin. Dr Parzivau isch designiert aus Gralschünig. Er nimmt dr Feirefis mit u im Gralsschloss steut dr Parzival ändlich syni Frag u dr Amfortas wird uf dr Steu gheilt. Dr Parzival wird Gralschünig. Doch die Gschicht isch no nid fertig. Wie chönnt si scho fertig sy? Usserhaub vo dr Gralsburg, dört, wo dr Parzivau die drü Bluetstropfe gseh het, wartet syni Frou mit de Zwillinge. Mit äm Loherangrin u äm Kardeis. Dr Kardeis übernimmt d Herrschaft vo dr Mueter u dr Loherangrin rytet mit de Eutere i ds Gralsschloss. Ungerwägs träffe si uf d Kapäue vo dr Sigune. Si isch gstorbe u me leit si zum Lychnam vo ihrem Gliebte Schionatulander. I dr Gralsburg gseht dr Feirefis d Gralsträgerin Repanse de Schoye u wott se hürate. Är mues sich aber zersch no lo toufe. Si beidi gö de nach Indie u überchöme dört ihre Sohn Johannes.

Jetz chumen ig i mym Buech zum zwöite Kapitu, won ig die Gralsgschicht interpretiere. Zämehäng zeige zur Mythologie, zur Psychologie, zur Pädagogik, zur Ethik und so wyter.

Im dritte Teil verzeue ig d Gschicht vom Flore u dr Blanscheflur. Die Erzählig ghört zu dere Parzivau-

Gschicht. Si isch ou ä Troubadoursag, ä Liebesgschicht, u verbindet dr Okzidänt mit äm Oriänt.

Imene vierte Teil zeigen ig Zämehäng mit dr Äntstehig vo dere Gschicht, vom historische Parzivau, vor Willehalm-Dichtig u vo dr Arabel-Giburz u vom Willehalm-Kyot. Ig erkläre die drzueghörigi Aschtronomie, Aschtrologie, die Aschtrosophie. I schiudere dr Zämehang mit dä Katharer u wyse uf etlichi Parzivau-Wärk hi. Was hei ds Chartres-Labyrinth u d Burg Karlschtei in Tschechie mit dere Gschicht z tüe? I frage mi, warum me über dä damaus scho berühmte dütschi Dichter Wolfram von Eschenbach so wenig weis? Isch är dür die Rom-Inquisition überau us de Annale gstriche worde? I setze mi usenang mit Wagners Parsifal-Oper. Het dr Wagner drzue bytreit, dass mir hüt so näs fautsches Parzivau-Biud hei? De chunt no äs usfüerlechs Kapitu über d Rosechrüzer innerhaub vo dr Kuuturgschicht. Wo u wie würke si hüt no? Ä Rosechrüzer faut nid uf i sym Verhaute, mit syne Chleider u dür syni soziali Stellig. Är isch Pfleger, Heiler, Erzieher, Lehrer, Buur u Künschtler. Ä Rosechrüzer würd nie säge, är syg ä Rosechrüzer.

So han ig äs würklech grosses Buech über die Parzivau-Gschicht u ihri Zämehäng useggä. Ou dür die künschtlerischi Gstautig vo dr Vendula Bročova isch es äs Wärk, wo sich cha gseh la. Äs isch ou äs Buech us mym Läbe. Äs grosses Läbeswärk. Äbe, äs Grosses Parzival-Buech.

Dr Pestalozzi u dr Steiner ghöre eifach zäme. Mys Büechli drzue verzeut die Zämehäng

Dr Pestalozzi het mi scho früech aafa interessiere. I weis nümme wenn. «I bi nid dr Pestalozzi» het me öppe gseit, we me öppis hätti söue teile. Doch die Negation isch nid ds Einzige gsi. Scho früe han ig d Pestalozzi-Biografie vo dr Mary Lavater-Sloman gläse. Dr Pestalozzi, wo so vouer Ideau isch gsi, bsungers vom Jean-Jaques Rousseau beydruckt, het die Ideau schnäu wöue verwürkleche. Aber mit syne Ugschicktheite isch är immer wider gschyteret. Är het dr Gring drby nid lo hange u het Nöis aagfange. Das het mir aus Choleriker Ydruck gmacht. De han ig i mym erschte Mondchnote die Chance gha, us äm Ghüder vom Lehrerseminar Murischtaude äs Porträt vom Pestalozzi aus Originalzeichnig us äm Jahr nüünzähhundertsibenäzwänzg, hundert Jahr nach sym Tod, z rette.

Zur glyche Zyt, achtzäh Jahr u sibe Monet nach myner Geburt, han ig z erschte Mau d «Philosophie der Freiheit» vom Rudolf Steiner gläse. Si het mir Klarheit ggä, dass ig dür nä ufmerksami Sinneswahrnähmig u dür dä zueghörige Begriff oder Ideau sicher bi, dass es die Gägestandswäut überhoupt git. Auso nüt mit subjektiver Sinneswahrnähmig vom John Locke. De het mir dr Steiner Sicherheit ggä, dass es d Handligsfreiheit git, we me sich über ä Trieb u d Gseuschaftsnorm zur Intuition erhäbt. Auso grundsätzlich müglich, aber ou schwierig.

Aus junge Lehrer han ig versucht, d Steinerpädagogik z versta u se ou z praktiziere. Auso zum Byschpiu die drü Jahrsibt mit dä jewilige Ärziehigsprinzipie: Nachahmig, gliebti Outorität u Freiheit. Da han ig viu müesse studiere mit äm glichzytige Läse vo dr antioutoritäre Ärziehig vom Alexander Sutherland Neill. D Outorität isch guet, we si vom Ching usgeit. D freiheitlichi Entwicklig vo jedem Mönsch isch aber ds oberschte Prinzip.

Dr Ufsatz us de Zwänzgerjahr vom zwänzigschte Jahrhundert vom Zürcher Curt Englert-Fayes «Von Pestalozzi zu Rudolf Steiner» het mir zeigt, dass die zwöi Geischtesforscher zämeghöre. I ha de immer wider Vorträg ggä über ä Pestalozzi u über ä Steiner u ha das de ou imene Essay zämegfasst. Im Jahr zwöituusigufüfzäh han i Glägeheit übercho, im dütsche Verlag Ch. Möllmann äs Büechli über Pestalozzi und Steiner usezgä. U zwar unger ämene länge Titu: «Johann Heinrich Pestalozzi, ein Vorverkünder der ‹Philosophie der Freiheit› Rudolf Steiners, Albert Steffen's ‹Pestalozzi› und Curt Englert-Fayes Aufsatz ‹Von Pestalozzi zu Rudolf Steiner›».

D Grundidee vo däm Büechli isch gsi, dass äm Pestalozzi syner Grundprinzipie «Der Mensch ist Werk der Natur, ist Werk der Gesellschaft, ist Werk seiner selbst» sy hundert Jahr später d Grundmaxime vo dr Filosofie vor Freiheit vom Steiner –Trieb, Norm, Intuition – gsi. Das het mi begeischteret.

Jitz ä churzi Zämefassig vo däm Büechli: Zersch publizieren ig die Pestalozzizeichnig vo nüünzähsibenezwänzg. De drucken ig ä Vorläsig aus Gaschtprofässer a dr lettische Universität z Riga mit äm Titel «Pestalozzis sittliche Kraft als archimedischer Punkt der modernen Erziehung». Dört referiere ig dr Pestalozzi aus Äntdecker vo dr pädagogisch sittliche Chraft. Dr Pestalozzi zeigt, dass dr Mönsch, wenn är nume im Natur- u Gesellschaftszueschtand blybt, verlore isch. Är mues zum sittliche Zueschtand cho, won är Wärch syner säubscht wott wärde. Das blybt bim Pestalozzi nid Theorie, das het är z Stans mit syne Waiseching aus Initiation ärläbt u vor allem praktiziert.

I zeige de, wie dä filosofisch-pädagogisch Aasatz de ou bim Steiner aaklingt. I dr Filosofie vor Freiheit mit dr moralische Fantasie u dr Intuition. Aus praktisches Byschpiu zeige ig d Schlösslischueu, won ig doch füfedryssg Jahr Leiter bi gsi.

Imene wytere Kapitu zeigen ig die Synopse, die Zämeschou vo de Pestalozzi- u Steinermönschekund u belege si mit Zitat us äm pestalozzische Wärk «Meine Nachforschungen über den Gang der Natur in der Entwicklung des Menschengeschlechts» u äm Steiner syner «Philosophie der Freiheit». Drzue beschriben ig d Biografie vom Pestalozzi aus biografisches Kunschtwärk. Äs fougt ä Darschtellig vo dr Läbessituation vom Steiner bi dr Erarbeitig vo dr «Philosophie der Freiheit» u vo dr Fründschaft mit dr Rosa Mayreder.

I ha mit dr ganze Schlössligmeinschaft mehreri Mau ds Schouschpiu «Pestalozzi» vom Albert Steffen ufgfüert. Dört bringt dr Steffen dr Pestalozzi i nä Zämehang mit äm Napoleon u äm Zar Alexander. Ou so mit äre weschtliche Tendänz u Verfeschtigung bim Napoleon u äre Verflüchtigung, Wäutentfrömdig u Uflösig bim Zar Alexander im Oschte. Dr Pestalozzi aus Mitti zwüsche dr ahrimanische-napoleonische Chraft u dere vo dr luziferisch-alexandrinische Tendänz. Dr Pestalozzi aus chrischtliche Mönschheitsrepräsentant, wo die wäutsüchtigi u die wäutflüchtige Chräft i Schach hautet. Das het dr Pestalozzi ou mit syner Lehrer Schmid u Niederer i sym Ärziehigsinstitut in Ifferte müesse zwägbringe. Die geniali Pestalozzidarschtellig vom Steffen het mer Ydruck gmacht. Hinger däm Konzept vom Steffen syre Pestalozzidarschtellig steit dr Mönschheitsrepräsentant, ä riesigi Houzskulptur, wo dr Steiner säuber dran gschnitzt het. Die mächtigi Houzskulptur isch äs einzigartigs Kunschtwärk, wo biudhaft ds anthroposophische Mönschebiud offebart.

Im letschte rächt grosse Teil vo mym Büechli drucken ig ä Ufsatz vom Steinerschueulehrer Curt Englert-Faye ab, won är i dr Zyt vom hundertschte Todestag vom Pestalozzi (1927) publiziert het: «Von Pestalozzi zu Rudolf Steiner. Zur Krisis der Pädagogik». Dr Englert-Faye versteit's i rä wortmächtige Sprach, äs einzigartigs Porträt vom Pestalozzi z zeichne. Är zeigt Wäsehafts vom Pestalozzi. Äm Englert glingt's, dass me näbe de Ufähigkeite vom Pestalozzi syni Ewigkeitswärte für d Mönschheit gseht. Wahrschynlich ds beschte Wärk über ä Pestalozzi.

So han ig dr Pestalozzi u dr Steiner zämebbracht. Das i syre Konsequänz vilecht ou eimalig.

Wermi zmitts. Äs git nüt Guets, usser me tuet's

Äs isch im Septämber zwöituusigusibe gsi, da het mir dr Ralf Dirk vo dr Universität Regensburg aabbote, bimene Buechprojekt mitzmache mit äm Titel «Integralpädagogik». I ha mi de gfragt, was i chönnt byträge. I dere Zyt han ig mi intensiv mit dr Wermi befasst. Was isch d Wermi überhoupt? I ha bim Steiner, aber ou bi angere gluegt, was si so z säge hei über d Wermi. I bi scho chli unger Zytdruck gsi. Einisch, won ig no vor äm Yschlafe über d Wermi ha nacheddänkt u drby ygschlafe bi, erwachen ig zmorndrisch früe so haub u cha no so knapp mi erinnere, was ig tröimt ha: I ha tröimt, dass d Wermi gar nid nume ä Polarität zur Cheuti isch, sondern zwüsche dr Cheuti u dr Hitz steit. D Wermi aus Mitti. I bi grad wider ygschlafe u ha de Troum vo dr Wermi wytertröimt. Wider im Troum bin ig begeischteret gsi vo dere Äntdeckig. U ha mi aus Wäutäntdecker gfyret. Bim ernöite Ufwache han ig gwüsst, was i dene Lüt a dr Regensburger Uni wöu schicke. So isch ä Artikel über d Wermi äntstange. I ha de no ä zwöite Artikel, won ig scho lenger gschribe ha, mitgschickt. Si hei du dr zwöit Artikel gno mit äm Titel: «Überlegungen zur Hochschuldidaktik».

Für mi isch aber die einzigartigi Äntdeckig vo dr Wermi wichtig gsi. Dä Artikel über d Wermi isch de unger äm Titel «Wärmepädagogik» im Herbscht zwöituusigunüün im monatliche «Schulkreis» vo de schwyzerische Steinerschuele usecho. Syt denn cha me im Internet vo myre Äntdeckig läse. Unger äm Titu «Wärmepädagogik».

Jahr später, im Jahr zwöituusiguachtzäh, isch de mys Büechli «Von der Wärmemeditation zur Wärmepädagogik» usecho. I ga vo dr «Wärmemeditation» vom Steiner us. Dört fragt är: «Wie finde ich das Gute?» U är seit ganz klar, nid über ds Dänke, nid über ds Gfüeu, sondern über ds Tue, über d Wermi. Da het die Ussag vom Erich Kästner guet passt: «Es gibt nicht Gutes, ausser man tut es.»

I beschribe jitz ä chli dr Inhaut vo däm Büechli: I beschribe äm Steiner syni Wärmemeditation. Näbe dr Houptussag, dass ds Guete nume über ds Tue äntsteit, zeigt dr Steiner die vier Ätherarte, Wärmeäther, Liechtäther, Tonäther u Läbensäther. I zeige de dr Zämehang mit dä vier Element Füür, Luft, Wasser, Ärde. I dr Pflanze gits de dr Zämehang mit de Planete. Die Analogie zwüsche de Pflanzeteile u de Planete: dr Stängel mit dr Sunne, ds Blatt mit äm Merkur, d Blüete mit dr Venus, dr Blüeteschtoub mit äm Mars, dr Fruchtknote mit äm Mond, d Frucht mit äm Jupiter, dr Same mit äm Saturn.

Äm Steiner sy grossi Äntdeckig isch ds Ätherische. Ds Ätherische zwüsche äm physische Lyb u dr Seu. Dä Berych vom Läbändige, vom Vitale, vo dr Energie, vo dr Gsundheit beschrybt dr Steiner aus Epoche machendi Tatsach.

Aber ou d Frag, wie sy d Freiheit i dr Mönscheitsgschicht, wie die drü Seelearte entstange – d Empfindigsseu, d Verstandes- u Gmüetsseu, d Bewusstsynsseu –, wie dr Materialismus mit dr Coolness-Kuutur. I steue die Antipathie- u Sympathiechräft im Zämehang mit äm Närve – u Sinnespol u äm Stoffwächselpol aus Chäuti- u Hitzepol dar. Zmitts drin isch das rhythmische System aus Wermi. Wermi wider mönschekundlich zwüsche Chopf u Buuch, im Härz. Ds Härz aus wermends Sunnezäntrum.

I zeige ds Ätherische aus dä Berych, uf däm vor auem üsi Gsundheit basiert. Dä Berych wird hüt no chuum vo üsere Gseuschaft explizit wahrgno. Ds uraute Mönschebiud isch meischtens drügliederig: Lyb, Seu u Geischt. D Grieche hei aber ou das viergliederige Mönschebiud gha, öppe i dä vier Tämperamänt: Choleriker (ds Füür), d Sanguiniker (d Luft), d Phlegmatiker (ds Wasser), d Melancholiker (d Ärde). Äm Steiner sys Mönschebiud zeigt die Vierheit, äntsprächend de Elemänt, ds Ich (Füür), Aschtrallyb (Luft), Ätherlyb (Wasser), physische Lyb (Ärde). Dr Ätherleib explizit aus eine vo de vier Beryche vom Mönsch.

Ds Ätherische im Zämehang mit dä Rosechrüzer isch kompliziert, aber wichtig. Ds Krüz mit de Rose isch ds ätherische Biud vom uferstangnige Chrichtus. I wyse uf das Gheimnis hi vom Labyrinth vo Chartres, wo im Rosehofpark im Schlössli Ins glych gross wie ds Originau abbiudet isch: We me das Labyrinth ablouft – öppe drühundert Meter –, so mues me immer wider im Viertel vom Chrüz umchehre u zrüggloufe. Doch nächer cha me das Viertel dürstosse, auso die Vierheit, d Materie, i ds Ätherische verwandle.

De drucken ig die Urschrift «Wärmepadagogik» ab, um z zeige, wie aus useme Troum äntstange isch. Nächär zeige ig, dass ds Guete zwüschem Schöne u

Wahre isch, d Wermi zwüsche Wysheit u Liebi, aber ou zwüsche äm chaute Ahriman u äm heisse Luzifer, wie das dr Rudolf Steiner i sym säubergschnitzte Mönschheitsrepräsentant dargsteut het.

De wysen ig uf die Tatsach hi, dass scho d Grieche bi de Tugende ä Mitti gfunge hei: d Mitti zwüsche Gyz u Verschwändig, zwüsche Chaos u Pedanterie, zwüsche Trägheit u Stress, zwüsche Strängi u Verwöhnig i dr Ärziehig, zwüsche äm glückliche Tor u fanatische Wahrheitssuecher, zwüsche Askese u zügellosem Trieb, zwüsche Feigheit u Tollküehnheit, zwüsche Harthärzigkeit u Grausamkeit, zwüsche Ärdsucht u Wäutflucht. Im Ganze gseh: nid z heiss u nid z chaut, sondern zmitts, so schön warm.

I zeige no Purpur u Grüen zwüsche de chaute u de warme Farbe, dr Zämehang mit dr Sixtinische Madonna, äm Wärmeplanet Mars, äm Schouschpiu «Pestalozzi» vom Albert Steffen, wo die Pestalozzi-Gstaut zwüsche däm weschtliche Napoleon u däm öschtliche Zar Alexander steit.

Im letschte grössere Kapitu steue ig die Wärmepädagogik i Zämehang mit dr Waldorfpädagogik, wie si unger angerem im Schlössli praktiziert worde isch, dar. I verzeue vo myne Erfahrige aus Schüeler u Lehrer u wie ds Wärmeelemänt d Grundlag isch i dr Pädagogik.

I bi säuber erstuunt: We me d Wermi i d Mitti zwüsche d Cheuti u d Hitz steut u zeigt, dass ds Guete nume im Tue dür d Wermi äntsteit, cha me mit däm die ganzi Pädagogik nöi befruchte.

Wien ig aagfange ha, Bärndütsch z schrybe

Äs isch im Herbscht nüünzäh gsi, da han ig ä Gschicht uf Bärndütsch tröimt. I weis no, wie das so tönt het uf Bärndütsch. Äs isch d Gschicht gsi, wo heisst: «Ä Schnudergiu u sys Outöli i de zwänzger Jahr». Won ig ufgwacht bi, han ig die Gschicht ufgschribe u ha gmerkt, wie das eigetlich guet geit, das Bärndütschschrybe, so wien ig grad rede. Scho sy mir Gschichtli us mym Läbe i Sinn cho u ig ha se grad ohni viu Müei ufgschribe. So sy sächzg Gschichtli, Anekdote, entschtange. Zersch het mer mi Sohn Julian die unkorrigiert i dr Rythalle lo drucke. De isch dr Wäber Verlag z Thun bereit gsi, die Gschichte professionell z korrigiere u z drucke. Äm Schlösslifescht zwöituusigeinezwänzg im Herbscht han ig ä Läsig gmacht u mir hei die erschte Büecher könne verchoufe. Ig ha de hundertachtzg Stück myner Fründe u Bekannte gschickt u se bbätte, mir drfür Gäud z schicke, we si wei. Ds Echo isch sehr positiv gsi: Mi het die Gschichte sogar sehr guet gfunge u het ou drfür Gäud gschickt.

Was isch dr Inhaut vo dene Gschichtli? Äs sy Erinnerige us myner Chindheit, im Reuscht, i dr Natur, bim Schaf-u-Geisse-fuere, vo Chinderschpiu wie «Schile oder Göte, eis zwei drü, Sig, Sag, Sug u du bisch duss». Das füert natürlich zu Schiller und Goethe, vo dene mir aus Ching no nüt gwüsst hei. I schrybe, wien ig ä Eichboum im Schlösslipark gsetzt ha, u dass dä hüt dryssg Meter höch isch, vo mym bissige Zwärgesu, wo schynbar ume Egge het chönne luege, wie mir vom Ätti zum Ritter gschlage worde si u ig ä Gralsburg im

Park ha aafa boue. Scho früe han ig mi interessiert für ds Rosechrüz. Schliesslech han ig im Rosehof gwohnt.

I schrybe über ä Adrian vo Buebebärg, wo mir mys Läbe lang Ydruck gmacht het. I schiudere das töife Ärläbnis i dr Kathedrale vo Chartres, weschtlich vo Paris, wie die erscht nach äre Füürsbrunscht so schön, u äbe no viu schöner, het chönne ufbboue wärde. Z erschte Mau han ig vom mythologische Biud vom ägyptische Vogu Phönix ghört, wo immer wider verbrönnt u de no schöner us dr Äsche use chunt. So äbe ou die Kathedrale vo Chartres. Äs Fürvoguärläbnis han ig de nachträglich bim Wandere vo Mont-Saint-Michel nach Saint-Malo uf dr Île Besnard bimene aute Lüüchtturm, wo ä Jugendherbärg beherbergt het, i myne Gedanke desumetröölet. Mir sy dört mit äre Tschuppele Ching vom Schlössli düregwanderet. Dört han ig mi verliebt i d Hiufsleitere vo dere Jugendherbärg. Ha auso ou Füür gfange, mi aber nid ganz verbrönnt.

Ig beschribe, wien ig mit achtzäh Jahr im Seminar Murischtaude zu de Wärk vom Rudolf Steiner u vom Pestalozzi chume. I dere Seminarzyt han ig dr Übername Dadat übercho. Das wäge är Lappalie: I ha i dr Stadt Dattle gchouft. Im Seminar hei aui ou drvo wöue u hei nach Dattle gschroue. Scho han ig Dadat gheisse u mi het me mit däm Name z Bärn kennt. Drdür bin ig de zu dere hochinteressante Kunschtbewewegig Dada cho, wo 1916 in Züri ggründet worde isch. Das het mir gfaue. I schrybe über mi aus Legaschtheniker – damaus het me no nid viu drüber gwüsst – u zeige, wien ig mit däm Problem aus Junglehrer z schlag chume.

Ä wyteri Gschicht heisst: «Dürrenmatts Bordeaux 1942 u ä Geissler aus Choch vom Schah vo Persie – ä dürremattschi Komödie». Immer wider schrybe ig über ethische Anarchismus. Das bedütet, Handlige müglichscht z vermyde, wo nume triebgebunge sy oder dr Gseuschaftsnorm entspräche u us dr Intuition chöme. So gits de haut Gschichtli-Überschrifte, wo heisse: «D Bürokratie u d Anarchie. Oder: Legal, illegal, scheissegal» oder «Wie lang geit ds letschte Wort bim Militärgricht?» oder «Wang a Wang mit emene Chindsmörder» oder «Gfüerti Anarchie». I schrybe über politischi Aktione: I beschribe die Aktion vo myre Vouksabschtimmig über die freiji Schuewau zwüsche 1980 u 1983, über «‹Dr Benjamin isch ä Nobody, aber är isch perfekt› oder wie dr Kanton Bärn plötzlich zu rä grüene Regierigsrätin u mene grüene Regierigsrat cho isch» oder «‹Mir stö weder rächts no links, mir gö.› Ä Blaue-Reiter-Maxime» oder «Friedli's ‹Frieden wagen›». Ig schrybe Aphorisme über «Jazz isch ä michaelischi Kunscht», über «Flüge wie d Vögu u Ängle», über «Ä Rägeboge isch ä Rägeboge». I schrybe über ä Ätti u ds Müeti: «Dr Ätti u d Krupskaya» u «Müetis Längizyti nach äm Ätti».

Hie nume äs paar Title. We me meh wott wüsse, mues me ds Büechli haut choufe.

Us äm Nüt cha mängisch o Aues cho

Im Ouguscht 2023 sy myni bärndütsche Aphorisme unger äm Titu «Us äm Nüt cha mängisch o Aues cho» veröffentlicht worde. Hie han ig versuecht, us dr bärndütsche Sprach Wörter u Sätz z biude, wo so intuitiv us mir säuber sy usecho. Äs isch so öppis zwüsche Prosa u Poesie. Mängisch ä chli verruckt. Doch inhautlich Gedanke, Läbenswysheite, Befindlichkeite. Sehr experimänteu. Eifach so spiele mit Wörter u Sätz. Mängisch geit's meh um ä Klang u um ds Töne vo dr Sprach.

Das het so Title ggä wie «Nach äm Corona-Winter chunt dr Früelig», «I bi dä, won i bi», «Was het ds Gwüsse mit äm Wüsse z tue?», «Ig bi dä u diese. U mängisch ou angersch», «Äs Chrousimousi, äs Gstürm, un äs Dürenang», «Wörter mues me chüschtige», «I bi scho dört, won i häre ga», «D Stärne tüe schyne am Himu scho lang», «Lüt, wo Gäud hei, Gäude meh aus Lüt, wo keis hei», «D Wort chöme cho z purzle, wo chöme si här?», «Was machen ig, wen ig nid weis, was mache?», «Ds Lute u ds Stiue», «Ärfele isch fyner aus umarme, isch zfride».

Äs nimmt mi wunger, wi so öppis aachunt.

Politik

D Erscht-Ouguscht-Red 1988 z Seedorf. Oder: Die «einzige Rede, die zu reden gab»

I ha aus Vizepräsidänt vo dr grüene Freie Liste z Seedorf am erschte Ouguscht ä Red ghaute. D Zytige hei drvo bbrichtet: «Einzige Rede, die zu reden gab». Hie auso die Red, won ig natürlich uf Bärndütsch ghaute ha:

Dir heit mi gfragt, ob ig bi öich d Erscht-Ougscht-Red wöu haute. So bin ig haut häreghocket u ha über üsi Schwyz nacheddänkt. Ds Resultat vo däm Nachedänke wiu ig öich jitz vorträge. Die Gedanke wärde viune vo öich ke Fröid mache. Äs sy äbe myni Gedanke. Äs müesse nid öiji wärde. Mini Usfüerige duure öppe ä Viertuschtung.

Liebi Froue u Manne, liebi Seedorfer, ds Erscht-Ouguscht-Füür mahnet üs a üsi Autvordere. Mir luege zrügg u versueche, d Biuder vo früecher i üs wider la ufzläbe. Äs chunt üs i Sinn, dass ds Erscht-Ouguscht-Füür urschprünglich äs Chutzefüür isch. Mi het's aazündet, we me Hiuf het müesse aafordere, we ä Gfahr im Land isch gsii. U i frage mi, ob nid hüt ou sone Zyt isch, wo me Glychgsinnti mues zämerüefe, um dene Gfahre z begägne, wo d Natur u üs Mönsche kaputt mache.

Jede Tag wärde d Luft u ds Wasser giftiger i üsere ryche Schwyz. Jedes Jahr stärbe äntgüutig Tierarte us. Üsi Böim kämpfe um ds Übärläbe. Mir aus ds rychschte

Land in Europa si drwäge nid glücklich: D Familie gheie usenang, d Säubschmordziffere styge, Drogeproblem wärde unlösbar, mir Eutere lö üsne Ching ä Wäut zrügg, wo meh u meh amene Ghüderhufe glycht.

Üsi Schwyzer Fahne

Was hei üsi aute Eidgenosse gmacht gägenüber Gfahre, wo se bedroht hei? Si sy äbe zämegstange u hei sech gägesytig Hiuf gschwore. Si hei öppis chönne, wo me hüt chuum meh cha: Si hei mit dr Schwurhang die geischtigi Wäut ybezoge, um vomene Ort Hüuf z hole, wo si meh Chraft hei chönne erhoffe aus us ihrne Muskle. U de hei si no gwüsst, was üsi Schwyzer Fahne bedütet. Si hei gwüsst, das ds wysse Chrüz äbe die Chraft isch, wo si beschwore hei: ds Geischtige, dr Sinn vom Läbe, das, was unzerschtörbar blybt, we mir einisch stärbe. U was bedütet eigetlech ds rote Fäud uf üsere Schwyzer Fahne? Ds rote Fäud bedütet ds irdische Läbe, üses Bluet, üsi materieui Grundlag, au das, was ä Mönsch bruucht, auso Ässe, Wohne, Vergnüegige und so wyter.

D Schwyzer Chrüz hei mir vo üsne Autvordere. Ä Fahne söu üs Schwyzer dra mahne, was eigetlech d Ufgab vo üsem Land isch. Üsi Fahne mit äm wysse Chrüz im rote Fäud seit üs, dass mir Bürger vo zwene Wäute si: vo rä irdische u vor e geischtige Wäut.

U we mir hüt üsi Schwyz aaluege, müesste mir schleunigscht üsi Fahne ändere: ds rote Fäud, üsi materieui Grundlag, d Wirtschaft, isch übermächtig worde u verdrückt ds geischtige wysse Chrütz i nä Egge oder vilecht sogar ganz us äm rote Fäud. Was übrig blybt, isch glungnigerwys die roti Fahne, ohni Chrütz. D Wirtschaft beherrscht üsi Wäut u diktiert üs Mönsche, wie u was mir söue lehre, schaffe, choufe, wie u wo wohne. Ds Geischtige, d Kuutur i üsem Läbe isch no öppis für ä Sunntig. Gäud het me nume für Sache, wo rentiere. Ds wysse Chrüz het chuum meh Platz i üsere Schwyz.

Was aber syt de aute Eidgenosse ou no meh Platz ygno het u uf dr Schwyzer Fahne gar nid sichtbar isch, isch dr Staat. Dr Staat – wenn er guet funktioniert – dörft me eigetlich, wie üses Härz, gar nid eso merke. Hüt isch dr Staat übermächtig worde. U wenn er de zmingscht dr chranke Umwäut würd häufe u de Ussesyter vo üsere Gseuschaft würdi unger d Arme gryffe! Nei, är hiuft dr ohnehin starche Wirtschaft, dr Atomlobby, dr Beton- u dr Chriegsinduschtrie. U so het i üsere hütige Schwyz ds Geischtige erscht rächt nümme Platz. Drum dörfte mir üsi Schwyzer Fahne eigetlech gar nümme ufhäncke, wiu si nümme däm Biud vo dr hütige Schwyz entspricht.

Die hütige Habsburger u Vögt

Die aute Eidgenosse sy aber ou zämegstande, wiu si sich hei wöue dr Freiheitsruum, d Outonomie gägenüber de Habsburger bewahre. U we mir üs frage, wär de hüt üsi Habsburger sy, üsi Landvögt, wär üse Gessler isch, so bruuche mir nid lang z studiere: Äs sy zum Byschpiu d Hüser- u Bodeschpekulante, wo d Mietpryse i d Höchi trybe, wo's keim glehrte Buur ohni Hof no müglech macht, ä Hof z choufe, wo üses Land meh u meh zuebetoniere. D Habsburger vo hüt sy aui die, wo ohni Skrupel gägenüber dr Natur u de Mitmönsche Gäud wei ufhüüfe: ä chemischi Induschtrie, wo wider aui Vernunft no immer Produkt härsteut, wo für Mönsch u Tier u Pflanze schädlech sy, ä Maschineinduschtrie, wo de Bure immer meh tüüri Maschine verchouft, die trotz herter Arbeit chum chönne amortisiert wärde, ä Atomwirtschaft, wo üsne Chindesching, we de d Wäut denn überhoupt no besteit, Gift hingerlat, wo nie me ugiftig wird … Das sy üsi Finde, das sy üsi Habsburger. U we mir de mau begriffe hei, dass Finde nid usserhaub vo üsne Gränze sy, sondern, dass mir aui säuber bi üs inne die Chräft müesse bekämpfe, wo üses Land kaputt mache, de müesse mir de ou nümme üsi wahnsinnig tüüri Armee finanziere, de wärde mir de i üsem Seeland nümme ufgschreckt vo de aggressive Militärflugzüg us Payerne.

Wär sy de üsi Vögt? Das sy aui die, wo i dr Wirtschaft oder i üsem Staatswäse unkontrolliert ihri Macht chöi usüebe. Mir hei das gseh i üsem Bärnerland: Da chöi sich Regierigsrät pärsönlich berychere, ihre Jaguar uf Staatschöschte ga repariere oder säubschtherrlich uf üsi Chöschte vo üsere Vouksbank dene politische Parteie, wo ihne passe, Gäud verschänke, Staatskässeli ga plündere, ohni das nä öppis passiert. Usländer wärde im Tram verhaftet, wiu si e Station witer gfahre sy aus ihri Bilett güutig sy. Wo sy i üsem Land die Richter, wo muetig gnue sy, üsi wahre Vögt i d Schranke z wyse?

A Steu vo «Automanie» Outonomie

Was mir bruuche, isch d Ysicht, dass nume dr Mönsch, wo outonom i sym Läbesberych isch, dr Umwäut cha diene: Die Bure, wo wider gmerkt hei, dass ä Hof ersch denn funktioniert, wenn är ökologisch outonom isch, das heisst, wenn är nümme mues ds Fueter zuechechoufe, wen er keni tüüre chemische Dünger- u Sprützmittel mues abverdiene. Die Bure sy frei, im Sinn vo de aute Eidgenosse. Si lö sich äbe nümme bvogte vo Hektarerträg u Schuedeamortisatione. D Lehrer:inne, wo i ihrne Schuelstubene wider Schueumeischter sy u us Liebi zu ihrne Ching au das mache, was si für richtig befinge u nid das, was me nä befiut, die läbe Freiheit. Die Staatsbeamte, wo sich nid hinger bürokratische Usrede verstecke u äm Bürger diene u ou kritisch sy ihrne Vorgsetzte u dä Mächtige i üsem Land gägenüber, u nid nume de Chlyne uf d Finger luege, das si üsi Verbündete vis-à-vis vo üsne Vögt. Die aui, wo i üsere Schyzer Fahne no näs Chrüz gseh u nid nume äs Banknötli u für Schwyz no angeri Ufgabe gseh aus Fluchtgäuder us de arme Wäut z hüete, sondern d Schwyz mit äre humane Asylpolitik ehre, d Landwirtschaft nid dr EU verchoufe, für ä Friedenspolitik sy, wie das d Initiative für ä Schwyz ohni Armee forderet, u nid erchlüpfe, we Jungi a dr Aare z Bärn wei zeige, dass me ou ohni grosse Rychtum cha läbe. Die Schwyzer müesse zämesta u im Sinn vo de aute Eidgenosse für nä nöji Schwyz sech ysetze. Sy mer doch Schwyzer, wo d Freiheit nid da drin gseh, das me frei mit äm Outo i däm Land cha desumefahre. Sy mer Schwyzer, wo d Outonomie, üsi Freiheit, nid mit dr chrankhafte «Automanie» verwächsle, sondern üsi Freiheit bruuche, im Sinn vo üsem Schwyzer Chrüz, im Sinn vo meh Kuutur, vo meh Mönschlechkeit, meh Geischt aus Gäud.

Schwyzerischi Vorbiuder

U we mir üsi schwyzerische Vorbiuder aaluege, de hei si äbe im Sinn vo üsem Schwyzer Chrüz ghandlet: Mi weis vom Wilhelm Tell nume, dass är dr Gessler töt het. Aber die Saag verzeut ou, dass är im höche Auter äs Ching us dr Reuss grettet u dry ertrunke isch. Wär setzt sich hüt uf Läbe u Tod für üsi Ching y?

Dr Niklaus von Flüe isch über d Schwyz use bekannt worde, wiu är am üssere Rychtum dr Rügge kehrt het u i dr Einsamkeit dere Chraft dienet het, wo ds Schwyzer Chrüz Sinnbiud isch drfür. Är het zwänzg Jahr lang nüt ggässe u trunke, um aus Gottesfründ sich mit äm Geischtige chönne z verbinde. U de isch är grüeft worde, um d Schwyz vor äm Bruederchrieg z verschone. Är isch damaus aus ächti geischtigi Outorität akzeptiert worde. Hüt lose mir dene zu, wo viu Gäud hei u übergwichtig sy. Mir bruuche auso wider Mahner u Outoritäte, wo sech am Schwyzer Chrüz orientiere.

Dr Heinrich Pestalozzi isch berühmt worde, wiu är d Ching aus Opfer vo de chriegerische Usenangersetzige zwüsche de französische u russische Heer z Stans gsammlet u zue nä gluegt het. D Opfer vo jedem Handel unger de Erwachsnige sy immer d Ching. Dr Pestalozzi isch so öppis wie näs schwyzerisches Nationalsymbol. Zu Rächt: Är isch damaus z Ifferte vo ganz Europa bsuecht worde. Sogar dr Napoleon u dr Zar Alexander hei sich für ihn interessiert. U warum? Är het mit syner töife Liebi zu de Ching, zu de Mönsche überhoupt, usegfunge, was dr Mönsch bruucht, damit är Mönsch wird u nid nume äs Herdetier. Dr Pestalozzi hätts hüt schwär i dr Schwyz. Mit äm Gäud het är gar nüt chönne aafa. Är het nid, wie mir hüt, us Gäud no meh gmacht, sondern är het’s eifach verschänkt.

De sy mir ja ou no stouz, dass ä Schwyzer ds rote Chrüz erfunge u begründet het: dr Henri Dunant. Är het d Idee u d Ufgab vo dr Schwyz drin gseh, das me äbe däm chrischtliche Chrüz innerhaub vo de entsetzliche Chriege uf dere Ärde e freie Ruum schafft, ä neutrali Zone, wies dr Albert Steffen nach äm Zwöite Wäutchrieg äm Nationalrat vorgschlage het, wo me zmingscht die Verwundete, aber ou Ching u die aute Lüt cha schütze. U wie wärs, we mir hütige Schwyzer die Idee würdi ärnscht näh u üs ysetze für no meh waffefreiji Zone? Zum Byschpiu die ganzi Schwyz freimache vo dr Produktion u Aawändig vo dene Waffe? Mir würde so dr Idee vom Schwyzer Chrüz, vo dr Schwyz überhoupt, diene.

U de d Froue?

Dir gseht, üsi nationale Vorbiuder, i ha nid aui ufzeut, sy meischtens Manne gsi. Ja, wo sy de d Froue? Äs git se meh aus Manne. Si sy nume nid so bekannt. Hüt isch das angersch i dr Politik: Äs sy muetigi Froue, wo üs dr Wäg zeige. Doch hüt sött me so wyt sy, dass äs ufs Gschlächt nid söu aacho. Ä jede Mönsch cha syni wybliche Chräft äntwickle, ob Frou oder Maa. U die wybliche Chräft bruuche mir hüt. U we mir üsi schwyzerische Vorbiuder tüe aaluege, de sys ja grad die wybliche Chräft, mit dene si üs ghoufe hei: Dr Wilhelm Tell het sich für ds Läbe vomene Ching gopferet, dr Niklaus von Flüe het sich säuber gwautfrei gmacht u het so chönne Gwaut verhingere, dr Pestalozzi het wie chuum eine i d Härze vo de Ching, vo de Mönsche überhoupt chönne luege, dr Dunant het Verwundeti pflegt – eigetlech aus wyblichi Handlige u Eigeschafte. I weis, dass tuet amene Schwyzer

Maa weh, wenn är ds Sturmgwehr mues ablege u afaa pflege. U doch glouben ig, dass mir wider aui sötti Pfleger wärde, um au di Wunde, wo mir dr Natur u üs Mönsche zuegfüegt hei, chönne z heile. Wärde mir heilendi Mönsche u Landschaftspfleger, de wird meh u meh wider im Sinn vom wysse Chrüz ghandlet.

U we mir jetz de ds Füür aazünde u üs dra erinnere, dass mir ds Füür hei, um wenigschtens einisch im Jahr über üsi Schwyz nachezdänke, de hoffen ig, dass mer Muet überchöme, üsi Ufgab meh im Sinn vo üsne Autvordere, vo üsem Schwyzer Chrüz, z löse.

I wünsche öich e schöne Aabe.

Ä Erscht-Ouguscht-Red z Burdlef 1990

Nachdäm ig im Dorf Seedorf zwöi Jahr vorhär ä Erscht-Ougscht-Red ghalte ha u damaus Zytige gschribe hei: «Einzige Rede, die zu reden gab», hei si mi nüünzänüünzg z Burdlef gfragt, ob ig ihne das Jahr ä Erscht-Ougscht-Red haute chönni. I ha zuegseit. Ds Resultat chöit dir jitz läse, we dr weit:

Liebi Miteidgenossinne, liebe Miteidgenosse
Nachdäm im Weschte nüt Nöis, aber im Oschte aus angersch worde isch, isch die Aared äs Kuriosum worde. Die Bezeichnig Genosse, Genossin isch syt äm Muurdurchbruch fraglich worde. Wie isch das mit däm Wort Eidgenosse? Viu äuter u eigentlech nume i männlicher Form bbruucht, isch äs hüt schwär verschtändlich. U doch wird äs, wie viu i dr Schwyz, nid i Frag gsteut.

Widerschtang leischte

Dir heit mi aus Redner engagiert. Das het i mir Frage usglöst, Frage nach dr Schwyz. U wie isch äs mir bi dene Vorbereitige ggange? Zum Teil schlächt! Einisch zuegseit, han ig nümme zrüggchönne. U äs sy Ängscht ufcho, ob äs richtig isch, dass grad ig söu ä Red haute. Wär imene Glashuus isch – u wär vo üs isch nid imene Glashuus – sött nid mit Steine wärfe. I mues es aber. Widerschtang z leischte isch ds einzig Mögleche, was mir hüt aagsichts vo dr Mächtigkeit vo Staat u Wirtschaft chöi tue. So het's dr David gäge Goliath gmacht, oder dr Gottlieb Duttwiler, wo gäge ds Bundeshuus Steine gworfe het, so dües d Intifada in Palästina. Steinewärfe isch das mythologische u reale Mittel vo dä Machtlose gäge die Mächtige. Dass drby ds eigete Glashuus zämegheit, ghört drzue, glesig sy hüt die unsichtbare Trennwänd zwüsche dä Mönsche. Si zerstöre, mache Angscht. D Schwyz het immer wider Steinewärfer gha, wo sich, ohni die eigeti Exischtänz z schone, engagiert hei. Ä settige han ig literarisch konsultiert: Ig ha vom Max Frisch «Schweiz als Heimat» gläse. Hie dokumentiert ä Schwyzer, was är während füfzg Jahr über d Schwyz dänkt het. Ds Buech isch eigentlich ä über füfhundertsytigi Erscht-Ouguscht-Red. Dr Max Frisch aus viu güebtere u zielsichere Steinewärfer het mer Muet gmacht, das z säge, was mi bewegt, ohni Rücksicht uf eigeti Verluschte. Nachdäm ig im seeländische Seedorf die Erscht-Ougscht-Red gha ha u d «Berner Zeitung» drzue glossiert het, dass äs die einzige Red isch gsi, wo z rede gä het, han i dr nächscht Erscht Ougschte, wäge Militärverweigerig, i dr Chefi verbracht. Hür bin ig bi öich. Inzwüsche verweigere ig dr Ziviuschutz, wiu ig äs nid cha verantworte, ä

Ziviuschutz z ungerstütze, wo dr Bevöukerig Symtombekämpfig vorgouklet u drmit ä mögliche Chrieg, ä mügliche Atomreaktorunfau i Chouf nimmt. I bi drfür, dass mir d Chriege abschaffe, idäm mir üsi Armee abschaffe, dass mir Mühlebärg aus Räschtrisiko eliminiere, idäm mir die Tüüfusmaschine abschaute u stiulege. Drum, wiu ig begründet dr Ziviuschutz verweigere, wirden ig müglicherwys am nächschte Erscht Ougschte wider im Gfängnis sitze. Dir wärdet mir zuebiuige, das ig mi politisch engagiere. U die Steine, won ig wärfe, faue uf mi zrügg.

D Schwyz aus Vatterland

U wenn dir das aues ghört heit, so frage ig öich, ob dir mys beschribene Handle patriotisch finget? Erscht-Ouguscht-Red, Gfängnis, Erscht-Ouguscht-Red, de wider Gfängnis. I dr Schwyz wird immer no politisches Handle aus patriotisch oder nid-patriotisch qualifiziert. Wär i dr Schwyz isch eigetlech ä Patriot? Was isch Patriotismus überhoupt? Über das han ig nacheddänkt. Was drby usecho isch, drvo wott ig öich jitz brichte: Ä Patriot het sys Vatterland gärn u isch vo ihm begeischteret. So heisst's zmingscht im Duden. Aus Patriot hei mir ds Vatterland, ds Väterliche, die Inschtitutione gärn. U gäge die Inschtitutione sy mir Achtesächzger aagrennt, zum Teil ou gäge üsi Vätere. Aschteu vo dä Inschtitutione hei mir Ideau u soziali Ideologie gseh. Aschteu vo Hierarchie ds Kollektiv, aschteu vo Füerig ds Antioutoritäre. Mir hei dr Mönsch idealisiert u vergässe, was dr Bertolt Brecht über ä Mönsch gseit het: «Erst das Fressen und dann die Moral». Dass im Weschte ds Konsumiere über jeglichi Morau gsteut wird u dr Egoismus die eigentlichi Triebchraft isch, hei mir nid wöue wahrha. Nu het's ou dr Oschte begriffe: Dr Kapitalismus, so meint me im Weschte, isch die einzig real exischtierendi Gseuschaftsform für ä hüttig Mönsch. U für dä morgig Mönsch? Drvo wei mir hüt no nüt wüsse. Das tönt nach Ironie u Resignation. Äs isch aber meh: Aus Pädagog weis ig hüt, dass mir paradoxerwys zwar ä patriarchalischi Gseuschaftsform hei, aber i rä vatterlose Wäut läbe: Jedes Ching brucht ds Väterliche, öpper, wo ihm Schutz u Füerig git, wo Verantwortig übernimmt u Prioritäte setzt. Öfters sys aber d Müetere allei, auzuoft ou alleischtehendi, wo die Vatterrolle mit viu Muet u Tapferkeit übernäme. Stö mir drzue, dass ds Väterliche, ds Patriarchalische notwändig isch, ou i üsere Gseuschaft. Übernähme mir Froue u Manne d Verantwortig u sy bereit, z füere, z entscheide, ou für angeri. Syge mir auso Patriote, Begeischterti für ds Väterliche.

D Schwyz aus Mueterland

Was aber ds Patriotische zur Farce macht, isch das Usschliessliche: Patriotismus allei gnüegt so wenig wie näs Ching z züge gnüegt. Ds Ching bruucht die müeterlichi Hüue, um sich äntwickle z chönne. Überhoupt ds Läbe bruucht ds Müeterliche. Das het dr Schwyzer no nid begriffe: Är misstrout auem, was nöi i sys Läbe chunt, was sich veränderet, was sich bewegt. Dr Schwyzer isch ygschwore uf ds väterlich Gschaffene u het Angscht vor äm Läbige, wo i sich widerschpruchsvou isch: Me wott ds Nöje, aber ohni Veränderig. Dr Schwyzer läbt im Abergloube, dass aues Gwordnige zersch gsi u darum wichtiger isch. Drby isch ds Wärdende, ds Zuekünftige, das sich Bewegende immer zersch da.

D Schwyz bruucht auso näbe äm Patriarchalische ds Müeterliche. Stö mir zum Patriotismus. Aber wärde mir zuglych ou Begeischterti vom Mueterland. Wärde mir Matriote. Matriotismus heisst aber, dass mir Vertroue überchöme zum Wachsende, zur Natur, zum sich Verwandle, zur Umgstautig, zur Perestroika. Mir sy begeischtert, wie jitz d Oschtstaate ihri Gseuschaft umgstaute. Syge mir Matriote u gstaute d Schwyz nöi.

Wüsset dir, dass d Abschaffig vo dr Schwyzer Armee eigentlich ä Ärfindig vom Henri Dufour, äm Begründer vom Rote Chrüz, isch? Scho är het nöitralisierti Zone gforderet, zones de la sécurité, wo jedi Chriegshandlig usschliesse. Später isch die Idee vom Bärner Dichter Albert Steffen (1884–1963) – wo leider hüt niemer meh kennt – u äm Stadtammann vo St. Gallen u Nationalrat Emil Anderegg (1903–1987) ufgriffe worde. Imene «Aufruf an das Schweizervolk» hei si so neutralisierti Zone verlangt. So chunt's de 1946 zumene Poschtulat, wo vo 46 Nationalrät u 9 Ständerät ungerschribe worde u vom Bundesrat äntgägegno worde isch u vo dr «Schweizerischen Akademie der medizinischen Wissenschaft» ungerstützt worde isch. Äbefaus empfohle wird das Aalige vom grosse schwyzerische Staatsrächtler Max Huber. Dir gseht, d Abschaffig vo dr Schwyzer Armee, wo Ändi 1989 vo über meh aus ämene Drittu vo de Abschtimmende gfordert worde isch, het ihri geischtige Wurzle im Rote Chrüz. D Schwyz aus nöitralisierti Zone darf nid aus Negation gseh wärde. Unghüür grossi schöpferischi Impuuse chönnte so änsta, wenn Gäudmittel anschtatt i d Chriegsmaschinerie i ds geischtig-kuuturelle Läbe fliesse chönnti. Däm sägen ig Matriotismus, we mir offe wäre für öppis Nöis, wo üsere chranke Gseuschafft chönnti häufe. Sueche mir no nä Sächstel vo Abschtimmende u mir hei aschteu vo dr Schwyzer Armee die erwyteriti Idee vom Rote Chrüz, vo de zones de la sécurité, wo d Schwyz wider dr Humanität verpflichtet wird. D Schwyz vo de Gäudwäscher, vo dr inhumane Flüchtlingspolitik, vo dr Beschpizelig vo Bürger:inne, bruucht dringend Ufgabe, wie das dr Max Frisch gseit het. Öppis, wo üses Vouk wider zämefüert. Ideene het's gnue. Tate müesse jitz fouge. Syge mir unschwyzerisch, hei mer Muet zur Veränderig, zur Umgschtautig, zur Perestroika. D Froue hei meh Muet zur Veränderig. Drum bruuche mir Froue, wo ds Gschick vo üsem Land umgstaute. Mir Bärner:inne hei bi de letschte Regierigsratswahle wou verpasst, die muetigschti u intelligäntischti Frau aus Erziehigsdiräktorin z beschtätige. D Leni Robert het gnau das verwürklicht, was üs nottuet: Si isch dra gsi, üsi Bärner Schueu nöi z gstaute, so dass üsi Ching zytgemässe Ungerricht überchöme. Ds Bärner Vouk isch zweni matriotisch. Äs het Angscht vo Veränderige.

D Schwyz aus Gschwüschterland

D Schwyz bruucht auso Patriote u Matriote. Aber Vatter- u Mueterliebi sy no nid gnue. Brueder- u Schwöschterliebi ghört drzue. Für Gschwüschterliebi wott ig jitz nid ou no äs Wort ärfinge. Doch muess d Schwyz ou no äs Gschwüschterland wärde. Dört, won ig mym Mitmönsch aus Brueder u Schwöschter begägne, dört äntsteit äs schicksauhafts Zämeghörigkeitsgfüu, äs Läbe lang. Gschpräch zwüsche Gschwüschterti gäbe äs Vertroue u Solidarität. U we Schwyzer:inne Verfougti u Enträchteti i ihres Huus uufnäme, wie zum Byschpiu ds Ehepaar Zuber z Ostermundige u d Familie Schuppli vom Jochgruppehuus z Lützelflüe, de söu das nid gsetzlech verfougt wärde. Mi sött die Schwyzer:inne öffentlich ehre. Si ehre üses Land, wiu si üses Land zumene Gschwüschterland mache. Si boue ä chli ab vo üsere Kollektivschuud, vo däm gägewärtige Hass gäge die Frömde, gäge die Angersartige, gäge Kolonialismus. Drby cha üs ds Angersartige nume ergänze. Gseh mer im Angersartige öppis Brüederlechs u Schwöschterlechs. Näme mer d Glychzytigkeit vom Angere i üsere Seu uf. Das isch ä grossi Zukunftsufgab, grad ou i dr Schwyz. D Hiwändig zum Du, zu äre schöpferische Dialogik, wär Bausam für d Wunde vo üsem zerschtörerische Egoismus. Hie wäre soziali Ressource vorhande, die z aktiviere üsere Schwyz guettät. U überhoupt: Die technische, zum Teil nid erneuerbare Ressource bis zum Gehtnichtmehr usbüte mues äs Ändi nä. Syge mir äs Gschwüschterland. Schöpfe mir us de nie versiegende soziale Ressource.

D Schwyz aus Gliebti

U wie wärs, we myni Vatterlandsliebi sich mängisch wandle würdi zu äre Liebi, zumene Fründ, zu äre Gliebti? D Schwyz aus Gliebti? Viu Vouksdichter hei se besunge. Die Art, mit üsere Schwyz umzga, isch üs leider abhande cho. Immer wider isch die Liebi zur Hassliebi vercho, wiu mir änttüscht u zrügggwise worde si.

D Schwyz aus Chinderland

We Patriotismus Liebi zum Väterleche isch, zum Gwordene u Vorggäbnige, so mues die Liebi zur Liebi zu üsne Ching erwyteret wärde. D Schwyz aus Chinderland. D Schwyz aus öppis Keimhafts, wo no unbekannt, wie ire Chnoschpe verborge isch. Wie wärs auso, we d Schwyz üs nid nume Vatter u Mueter isch, sondern umgekehrt, we mir Mueter u Vatter vo üsem Ching Schwyz wäre? Näme mir d Schwyz a d Hang u füere si i nä Zuekunft, wo nid i üs ligt, sondern äbe i däm Ching, i üsem Land. U üses Land söu nid wärde, wär mir sy, sondern das wärde, was i ihm isch. Die urauti Eidgenosseschaft aus Ching. Nur so hätti si d Chance, sich no einisch 700 Jahr z äntwickle. Die Chindheitschräft z wecke, isch wou utopisch. We mers aber nid tüe, de wird d Schwyz vergreise, si wird sklerotisiert. Bald wird d Schwyz nume no ä Ballebärg für d Mönschheit: Das gscheht, wenn es üs nid glingt, üse Patriotismus z ärwytere zur Liebi, zur Müeterlichkeit, zu de Geschwüschterte, zur Gliebte, zum Ching. Die umfassendi Liebi wird üses Land am Läbe haute.

We mir's glinge würd, die Liebi z läbe, de müesst ig ou nümme Steine wärfe, wo mi säuber träffe. Ig wohnti ou nümme imene Glashuus. Türe u Fänschter wäre offe. Ou das isch ä Utopie. Aber d Richtig stimmt.
Ig danke öich füre ds Zuelose.

Was d Wäutgschicht mit mir als Achtzgjährige macht. Oder: «Geh nach Moskau, Moskau einfach»

Nid agnonig Läserbrief a d Zytig «Der Bund»

Ich bezeichne mich immer noch als Achtundsechziger. Ich war damals auch an der Uni Bern. Ich war 1968 in Paris im Quartier Latin von Polizisten umzingelt. Molotowcocktails wurden geworfen. An der École des

Beaux-Arts hing ein Gekreuzigter mit einem langen Penis. Wir trugen alle lange Bärte. Der Slogan «Legal, illegal, scheissegal» gefiel uns. Wir wollten die Institutionen vermenschlichen. Protestierten gegen den Vietnamkrieg und riefen: «Amis go home» und an den Mauern entstanden Graffitis wie zum Beispiel «Lieber Ostern als Western», «Nepal statt Napalm», «Reggae statt Reagan», «Enthauptet die Sprengköpfe», «Wir erklären dem Krieg den Frieden», «Besser Allianz versichert als Nato geschädigt», «Wir wissen nicht, was wir wollen, das aber mit ganzer Kraft».

Wir vergassen, dass es vor allem die Amerikaner waren, die Europa von Hitlers Faschisten befreiten. Auch die Russen führten einen verlustreichen Krieg. Doch sie befreiten, indem sie okkupierten. Damals waren wir nicht neutral, waren gegen das Hakenkreuz und begrüssten die Amis, die uns ein demokratisches Westeuropa ermöglichten, allerdings ein kapitalistisches, in dem es sich gut leben liess.

Im Prager Frühling 1968 träumten wir von einer zukünftigen, gerechteren Gesellschaft jenseits von Kapitalismus und Kommunismus. Die nannten wir den Dritten Weg. Dieser Traum ist durch die russischen Panzer ausgeträumt worden.

Anfangs der Achziger Jahre lancierte ich die Volksinitiative für freie Schulwahl im Kanton Bern. Wir wollten die Volksschule vom Monopol der Staatsschule befreien. 25 Prozent der Abstimmenden waren dafür.

In der Organisation Kirchenasyl versteckten wir von der Ausschaffung bedrohte Asylanten. Die brutale Ausschaffung der Familie Musey nach Mobutu's Zaire veranlasste viele Schweizer zu persönlichen Protesten: Ich selbst schickte mein Militärdienstbüchlein dem damaligen Bundesrat, der für die Armee zuständig war, mit dem Bescheid, dass ich inskünftig jeglichen Militärdienst verweigere. Das führte dazu, dass ich für einige Zeit ins Gefängnis musste. Ich bekam damals Dutzende Briefe aus rechtskonservativen Kreisen mit der Forderung, nach Russland auszuwandern. «Moskau einfach». Ich selbst wusste nicht, warum ich jetzt nach Russland fahren sollte, erst noch «einfach». Ich war nie ein Freund des Kommunismus, auch nicht des Kapitalismus. Ich war natürlich für die Initiative Schweiz ohne Armee. Wir waren gegen Waffenproduktion und Waffenausfuhr.

Mit dem Ukrainekrieg entstand weltweit ein Paradigmenwechsel: Frühere Pazifisten setzen sich für Waffenlieferungen an die Ukraine ein. Auch ich bin überzeugt, dass es für das Überleben der Ukraine lebensnotwendig ist, die besten Waffen gegen den Aggressor Russland zu bekommen. Sogenannte konsequente Neutralität ist hier nicht am Platz. So wie wir gegen Russland im Finnenkrieg und im Prager Frühling waren, sind wir heute gegen den Usurpator Putin.

Ich war nie ein Freund des Imperialismus von Amerika, wie zum Beispiel im Irak und Afghanistan. Doch heute ist es Amerika, das die Ukraine mit besten Waffen versorgt. Wer denn sonst? Amerika als Retter der ukrainischen Demokratie.

Und jetzt die Pointe dieses geschichtlichen Geschehens: Jetzt, man reibt sich die Augen, sind es rechtskonservative Kreise Blochers und Köppels, die Putin-Versteher sind und zugleich auf die schweizerische Neutralität schwören. Ihnen möchte ich zurufen: «Geht doch nach Moskau. Moskau einfach.» Man kann es fast nicht glauben: Diejenigen Rechtskonservativen, die mich seinerzeit nach Moskau schicken wollten, sind nun selbst Russen-Sympathisanten. Ich selbst, ein lebenslanger Pazifist, Achtundsechziger-Freak, Amerika-Skeptiker und Gandhi-Bewunderer, möchte, dass die Ukraine beste Waffen bekommt, und erst noch von den Amerikanern.

Naturwunger

D Nachtigau u dr Pfau. Vo dr innere u üssere Schönheit, vom himmlische Gsang u vo schrecklichem Gekrächz

Wär het nid scho dr Pfau bewungeret, wenn är sys Rad schlat: Das Zittere u Stolziere vo syre Pracht isch fasch magisch, zouberhaft. Seifeblasefarbeartig isch ds Design. Natürlich macht är das für ds Rennomiere u ds Zeige vo syre Chraft u Schönheit. Är wott dr Ussewält syni Farbigkeit mit syne irisierende Aougemuschter zeige: «Lueg, äs git nüt Schöners uf dr Wäut aus mi!» D Pfauefädere spiut ä Roue im Zämehang mit de Habsburger. Für die aute Eidgenosse wird d Pfauefädere zum verhasste Symbol. D Eidgenosse schmücke sich mit äre Strussefädere.

U de d Nachtigau, we si lydet am Aabe: Mi gseht se chuum. Aber mi ghört se. Die Viufäutigkeit vo de Liedvariatione, die innige Melodie. Äs sy Männli, wo liede. Um di Wybli aazlocke, seit me. Da git sich ds Männli grossi Müei. Äs isch dr Troubadour unger de Vögu. Dä Gsang isch überuus fantasievou, sogar mit Dopputön. Äs zwitscheret, trilleret u flötet, höch u töif, lut u lysli, fröhlich u witzig, aber ou chlagend u sehnsuchtsvou. I dr Dichtig wird dr Gesang vo dr Nachtigau vielerorts aus Liebesmusik bbruucht. Dr Lyriker zur Zyt vom Luther u Kritiker vo de Häxeverbrönnige, dr Friedrich Spee, ddichtet folgendi Värsli:

Doch süsser noch erklinget /
Ein sonders Vögelein, /

So seinen Sang vollbringet /
Bei Mond- und Sonnenschein. (…)

Trutznachtigall mans nennet, /
Ist wund von süssem Pfeil, /

In Lieb es lieblich brennet, /
Wird nie der Wunden heil. (…)

Die zwöi Voguarte sy scho bi de aute Grieche aus Polarität ufgfaue: die üsseri wunderbari Pfauepracht, aber syni schreckliche Lute. Äs git fascht nüt Schlimmers aus Pfauegschrei. D Nachtigau, mit ihrne fasch unschynbare chlyne bruune Flügeli. Ersch bim Ynachte fat si aa liede, mängisch bis über d Mitternacht use.

Was sy das für Polaritäte? Aus Mönsch möcht me ganzheitlich sy. Mir möchte gäge use aus Schönheit würke, zuglych aber ou vo inne use, üs qualitativ, differenziert zeige. Mit agnähmer Stimm.

Aui Tier zäme sy näs Kompendium. Im Tierrych sy aui mönschleche Fähigkeite u Eisytigkeite usbbreitet. Bim Tier sy si aagebore. Ds Tier muess sech nid Müei ggä für syni Fertigkeite, sich aber ou nid schäme für syni Spezialisierig.

Bim Mönsch isch äs angersch. Är mues aues lehre u üebe u cha sich natürlich ou eisytig äntwickle zu rä Nachtigau oder zumene Pfau.

Hüt am Morge im Park

Äs isch Sunntig. Ou ä sunnige Morge. I chume zum Park u gseh üsi Riese da sta. Die mächtigi Linge zum Himu ueche wachsend, wie nä Kumuluswouke gäge d Friburger Aupe am Aabe. Drnäbe die Cheschtele mit dä tuusige u tuusige Cherze, wie nä Wiehnachtsboum. Äs summet u brummet i dene Blüete, da isch scho äs flyssigs Vouk äm Sammle u macht drby Musig. Hinger dra die zwöi Siuberpappele, vom Ätti no pflanzt i dä füfzger Jahr für myni Schwöschter u mi. Ds Siuber glitzeret vor äm blaue Himu. Äs mues aues versiuberet si. Die no kahle Föhre näbe dra spriesse zwar scho, aber no chli schüüch. Dr Pfau im Hüenerschtau chräjt schrecklich, drfür macht är ds Rad u vibriert sys Fäderchleid wunderprächtig. D Rägebogeouge luege mi aa u säge: «Lueg mi aa, i bi dr Schönscht.»

Bir Chrütterschpirale erwarte mi im Spalier die edle Schwärtlilie u mahne mi a Vincent van Gogh, i stryche über d Rosmarinzweige u schmöcke das, was a myne Häng blybt. Äs toucht vor mym innere Oug d Provence uuf. I dr Gusche git's viu Salat. Mi cha go ärnte, we me ä chüschtige Salat wott. Über äm Salat breite sich Fygeböim uf ä Herbscht vor. Git's ächt wider so viu wie im letschte Jahr? Dr Manduboum näbedra isch scho äs Zytli verbblüeit. D Teiche si verauget. Ds Wasser suecht sy Wäg dür dä grüen Sumpf. Wider het's Tannzäpfe grägnet. Si sy bereit, dass me se sammlet u verfüüret. Im Füür blüeje si z grächtem uuf. Jitz isch d Akelei dran, die grazili. I verliebe mi jedes Jahr nöi i das schmätterlingshafte violette Gloggeglüt. Die letschte Trummuschlegeli mit däm töife Blau si scho bau ä vergangeni Liebi. Di meischte Tuupe sy verbblüeit. Drfür lüte lysli Meierysli. Im Hochbeet sy d Radisli scho fei e chli im Chrut.

Dr Schiudchrotteteich isch wider vou u plätscheret wyter gäge d Lotosblueme. D Naga, die indischi Schlangegöttin, spüeut ds Wasser i Teich u git däm Rinnsal düre Park dr Aafang u d Queue. Im Paradiesgärtli blüeit dr Quitteboum scho tuusigfach. D Beiji heis ou scho gmerkt u sammle u befruchte. Git's dieses Jahr ou wider so näs Quittejahr? Dr Paradies-Öpfuboum isch scho verbblüeit. Jitz warte mer uf d Öpfu, wo mer chöi dri ychebysse wie d Eva u dr Adam u müesste eigetlich füdleblutt üsi Scham mit Fygebletter verdecke.

Ds Gärtli näbem Pizzaofe het grad schöni gäubi Chleider aagleit. Da wird's eim liecht u fröhlich, das schwäre Trummuschlegeli-Blau versinkt i ds Innere. Me vergisst, dass me no vor churzem truurig isch gsi. I dr Arena blüeje tuusigfach die wysse Gänseblüemli. Ou si sy heiter u strecke ihri Chöpfli dr Sunne enggäge. Äs einzigs dunkugäubs Schlüssublüemli blüeit scho äs Zytli. D Bletter vo de Schneeglöggli verzeue vom Schnee vo geschter.

Ds Chartres-Labyrinth zmitts i dr Arena, d Tierkreisthröhn uf dr Arenamuur, dr stouz Triumphboge am Ygang u drunger d Schlösslisprüch «Werde, der du bist», «Ich war, ich bin, ich werde sein» u «Ich bin, der, der ich bin» mache dä Rosehofpark grad zumene Chraftort. Gärn loufe ig dür mys Läbeslabyrinth.

Bim Waagezeichethron luegen ig zu myre Eiche abe. I ha se vor bau sibezg Jahr gsetzt. Si wachst u wachst parallel zu mym Läbe. So eichig, so knorrig, so eigewillig u eigesinnig. Dr eiget Sinn isch immer no ds Beschte vo eim. So bin ig i däm Park deheim. I ghöre drzue. U wachse mit däm auem no wyter. Wi lang no?

Steischtele im Seeland. Wie isch das cho?

Scho syt zwänzg Jahr stö nüünezwänzg Steischtele im Seeland. Mi chönnt meine, die stö scho syt dr megalithische Zyt vor viertuusig Jahr da. Scho denn het me so Steine – mi nennt se hüt Menhire – ufgsteut. Mi weis weni über die Motiv vo dene wäutwite megalithische Steisetzige. Mi cha se aus Einzelsteine bewungere, mängisch tonneschwär. De wider aus Kreise, Cromlechs seit me ne, oder aus Linie, de seit me Alignements. Mi cha i ihrer Usrichtig astronomischi Aschpäkt usefinge. Wahrschynlich sy die Steine aber ou geomantisch gsteut worde. Das heisst uf so Chraftlinie, Leylines, wie me nä seit. Das bruucht aber de d Wahrnähmig vo so läbändige Chräft, wie me das bim Pändle nach Wasser kennt. Die Fähigkeite müesse die Steisetzigskünschtler kennt ha.

Näbe dä Menhire git's Dolme. Dass sy de widerum so Steitische mit waagrächte Steiplatte uf stehende Steine, wo me cha i se ycheschlüfe. Dr Menhir, wo stehend dr Usseruum gstautet, dr Dolme, wo waagrächt dr Inneruum präsentiert. Vilecht chönnt me die zwöi Konkretione aus männlich u wyblich betrachte.

I bi viu i dr Bretagne gsi, zum Byschpiu in Carnac, oder in Locmariaquer. Ou uf dr Insel Gavrinis im Golf vo Morbihan. Dört isch so nä megalithische Steihügu, wo me dür nä Gang bis i ds Auerheiligschte cha ycheloufe. D Wäng si gsteuti Steiplattene, wo wunderbar ornementau mit Linie graviert si. Äs sy die schönschte Gravierige us dere Zyt. Dä Gouf Morbihan isch wie näs Härz, wo ds atlantische Wasser bi Fluet ychesugt u de bi Ebbe wider loslat.

Nu, zu de nöje Steischtele im Seeland. Das isch ä so cho: I ha dr Kurt Rohner sogenannt zuefäuig im Zug vo Ins nach Bärn troffe. Är isch Kreisgeometer im Seeland gsi. Äs het so müesse sy. Är het mir gseit, är heig dr Marko Pogačnik in Türnich bi Köln troffe. Dört het är ä Park heilend grettet, wo dür d Bruuncholeförderig ds Grundwasser verlore het. Dr Marco het feschtgsteut, dass dä Park ä Queue isch, vonere internationale Leylinie, wo gäge Süde nach Turin louft, im Seeland grad dür ds Huus vom Kurt z La Neuveville, sich düreschlänglet.

So het me die Steisetzige im ganze Seeland wöue organisiere. Mi het z Ins uf äm St. Jodel aagfange. So bin ig eines Tags mit äm Marko u äm Kurt uf ä St. Jodel. Dört het sich die internationali Leylinie Türnich–Turin mit dr Leylinie, wo vo La Tène, am Usfluss vom Nöieburgersee, gäge Prag–Moskau gfüert het, chrüzt. U usgrächnet dä Chrüzigspunkt isch uf äm Land gsi vo üsere Stiftig Seiler, won ig ja Präsidänt bi. I ha äm Marko uf dr Steu chönne säge, dass är die erschti Steischtele im Seelandprojekt hie cha ufsteue.

Drzue hei mer no ei Stele chli ungerhaub vo däm Chrüzigspunkt, auso chli gäge La Tène, oberhaub vom Jodelwäg, gsteut.

Die zwöi Steischtele hei mer genau am Donnschtig, 23. Apriu 1998 ufgrichtet. Sämtlichi Ching u Erwachsnigi vo dr Heimschueu Schlössli hei mitghuufe. Ds Schwyzer Fernseh isch ou drby gsi. Mir hei glychzytig äm Morge früe chönne die drüfachi Konjunktion vo Jupiter, Venus u Mond beobachte. Ds Universum het mitgspiut. I ha mitverfougt, wie dr Marko die Steischtelene vo Hang sorgfäutig het usgrichtet.

Äm Sunntig druuf bin ig am Morge bi dr ungere Stele gsi u ha grad beobachtet, wie d Sunne uf dr Flächi vom Kosmogramm uflüchtet. I bi sofort zur obere Stele gschprunge u ha genau ds Glyche gseh. Die zwöi Stele-Kosmogramm-Flächine sy auso exakt parallel. So exakt het dr Geomant Marko gschaffet.

Mir hei de no ä Stele im Rosehofpark gsteut. Dört düre isch äbe ou die Leylinie Türnich–Turin gloffe. I ha de uf dr Inser Dorfcharte feschtgsteut, dass üse mittuauterlich Chiucheturm ou uf dere Leylinie steit. Auso zwüsche däm Stei uf äm Chrüzigspunkt uf äm St. Jodel u üsem Stei im Rosehofpark. D Chile isch auso ou i däm Projekt zmitts im Dorf bblibe!

Nachfougend sy de no die angere Steischtelene ufgsteut worde. So sy mer hüt im Seeland i rä nöi-megalithische Zyt.

Bärn, das han ig gärn

Die mäandrisch schlängälndi, ändlosi Aareschloufeschlange hüetet dr Bärner Gral

Was isch de überhoupt ä Gral? Bim französische Dichter Robert de Boron isch dr Gral ä Keuch, wo ds Bluet am Chrüz vom Jesus Chrischtus ufgfange het. Bim Outor Chrétien de Troyes isch äs eifach ä Keuch. Bim Wolfram von Eschenbach ä Stei, wo us dr Chrone vom Luzifer abegheit isch u de immer wider d Gralslüt gspyse het. Aues, was si sich grad gwünscht hei, isch sofort uf ä Tisch cho, oppe ä so wie i dr Gschicht vom «Tischlein deck dich».

U de d Stadt Bärn, isch si ou so nä Gralsburg mit ämene Gral? Äs git wahrschynlich z Bärn so viu verschiedeni Gral, wies Bärner u Bärnerinne git, wo Bärn gärn hei. Was hei si de so gärn a Bärn? Äbe zum Byschpiu die Aareschloufe, wo d Stadt umschlänglet, d Schweue am Schweuemätteli, wo jahruus, jahry wyss sprudlet, schön vo dr Münschterplattform us z gseh. I dr Aare, wo me im Summer drinne cha schwümme.

I myre Semerzyt im Murischtaude, won ig öppe znacht dr Murischtaude gäge Bäregrabe abegloffe bi u d Liechter vo Bärn agstuunet u de glychzytig zu de Stärne am Himu uechegluegt ha, de han ig gwärweisset, was schöner isch: die Himuslüchteni oder die Ärdeliechter. De han ig gmerkt: Bärn u Stärne han ig beidi gärn. Beides zäme het mi himu- u ärdetruurig gmacht. Melancholisch, grad säuber imne Liebestöif, het aues zämegstimmt. U de bin ig am Bäregrabe, wo d Bäre scho gschlafe hei, verby u dr Aarewäg im Fyschtere z düruuf. Ds Aarewasser isch mer gurgelnd äntgägegschosse u het gruuschet u het mer aues verzeut, was ig grad ha müesse wüsse. Die nie ändendi Aareschlange het dr Bärner Gral mit syne Himus- u Ärdeliechter umspüut. De bin ig bi dr Chiuchefäudbrügg wider ueche u hei i Murischtaudesemer i ds Näscht.

Au die Lüt, wo z Bärn gwürkt u dr Gral ghüetet hei, biude die Gralsgmeinschaft. D Anna Seilerin, Stifterin vom Spitau, säubschtändigi Witwe, wo nid i ds Chloschter ggange isch, sondern sozial gwürkt het u no hüt bim Chäfigturm ds Wasser für die Durschtige spändet. Dr Adrian vo Buebebärg, wo zwar z Spiez i syner Burg gwohnt het, aber für Bärn das ta het, was het müesse sy. Die letschti handschriftlichi Usgab vom Eschenbachsche «Parzival», wo i de achtzger Jahr vom füfzähnte Jahrhundert z Bärn isch usecho. Dr Rudolf von Tavel, wo ds Stadtbärndütsch zur Sprach vo au syne Wärch gmacht het. Dr Paul Ignaz Vital Troxler, dr erscht Bärner Filosof a dr nöi ggründete Bärner Uni u Gstauter vo dr nöje schwyzerische Bundesverfassig. Dr Albert Steffen, wo mit sym erschte Roman «Ott, Alois u Werelsche» im Bärner «Bund» gfyret worde isch. Dr Dällebach Kari, wo nid nume ä Guafför mit syne Sprüch isch gsi, sondern ä Legände. D Kunschthaue isch i de sächzger Jahr mit äm Harald Szeemann ou so nä Gralsort gsi, wo sich die wäutwiti damaligi Kunschtszene troffe het. D Kunschthaue isch vom Christo verpackt worde. Dr Diskussionschäuer i dr Junkeregass, vom Zeno Zürcher u äm Sergius Golowin, isch äs Zäntrum gsi, wo geischtigi Usenangersetzige passiert sy, ou so näs Heiligtum, ou wes mängisch ou uheilig dört unge zueggange isch. I ha dört mys «Pädagogische Manifescht1966» chönne präsentiere. Ds Eigischte vo mir han ig dört usebrösmelet.

Ä Bärner Gral, äs Heiligtum vo Bärn, äs Zäntrum, wo me sich wou gfüut het, isch für mi längeri Zyt ou d «Quick-Bar» i dr Marktgasspassage gsi: Dört isch me häre, um die chönne z träffe, wo me het wöue träffe. Mi het über auergattig gredt, wo grad passiert isch. Über ä Fium «Hiroshima, mon amour», oder über «Au bout du souffle», ä Fium über ä liebenswärte Souhung. Mi het über dr Exischtenzialismus vom Jean-Paul Sartre gfilosofiert, obwou me nüt richtig verstange het u doch aus verstange het. We me de öppe gfragt het, wo dä u diese grad sygi, de het me gseit: «Dä isch in Saintes bi de Zigüner u dr schwarze Madonna i dr Camargue.»

I bi de öppe ou im «Grotto» ungerem Chäfigturm gsi. Dört han ig äntddeckt, wär d Dadaischte sy gsi, da me mir eigetümlicherwys i dere Zyt Dadat gseit het. Dört hei mer d Modi vom Meitlisemer am Waisehuusplatz troffe. Dir gseht, ou so nä Gralsort, wo wichtigschti Sache u Nid-Sache uf eim zuecho sy, u mi het ou, wie synerzyt, d Parzival-Frag nid gsteut u isch vo dr Gralsburg verbannt worde.

Dr Sergius Golowin aus Sagesammler, Kiffer, Timothy-Leary-Fründ u Grossrat. Dr Mani Matter, wo ds Nüünitram znacht het use de Schine gno u la desumegeischtere. Die zwee Däpp-Brüetsche, dr Heinz und dr Wale, wo Bärn berychere. Dr eint mit syne Bärndütsch-Anekdote, dr anger aus dr bescht Journalischt. Dr Luzius Theiler vo dr «Demokratische Alternative» (DA). Är het mir dr Tägscht gliferet für myni «Freie-Schulwahl-Initiative» (1980). De han ig de uf äm Bäreplatz Ungerschrifte für myni Vouksinitiative gsammlet. Weli Eutere wei ihri Ching i nä settigi Schueu schicke, wo Eutere, Ching u Lehrer:inne zämepasse? Nume äs paar Byschpiu. Angeri hätti angeri.

Eini vo de spätere Gralsorte isch öppe d Szenebeiz «Schwarzi Tinte» gsi. Mi het dört auergattig Stoff übercho, um erlüchtet z wärde. Dr Chlöisu Friedli het dört Blues uf äm Klavier gspiut. Het vo syne Zwärgli im Gäbubach verzeut.

Dr Fritz, dr Troubadour, dr Widmer. I synere Liebesgschicht «Gluscht u Gnusch u Gwunger» ärfelet sich äs Liebespaar am Güsche-Festival.

D Leni Robert, die Frou, wo mit Pfarrer Theo Brüggemann bi dr Rytschueu mit de Jugendliche i rä Demo vo dr Bärner Polizei isch iykesslet worde u de für die Freie Liste isch i Nationalrat gwäut worde. Si isch ou so nä Gral gsi, um dä me sech het gschaart. Si isch de die erschti Regierigsrätin i dr Schwyz worde. No später hei mir immer am Frytig uf äm Bäreplatz die Freie-Liste-Zytig, d «Freitung», verchouft, u ig ha dert unger äm Pseudonym Dadat ä Kolumne gschribe.

I bi uf äm Bundesplatz a rä Demo gäge Waffeusfuer gsi u de plötzlich hei sich äs paar Jungi ds Mikrofon gschnappt u hei das Wort «Abschaffe» bbrüelet. U de hei Tuusigi das nachegschroue: «Abschaffe, abschaffe,

abschaffe!». Mi het drmit d Armee gmeint. I rä fougende Abstimmig hei de siebenedryssig Prozänt vo de Abstimmende däm zuegstimmt. Ou so näs Gralsritual.

D Karoline Arn, ä Bärner Outorin, Fiumemacherin u Journalischtin, het dür ihri Fiume u Büecher Bärn berycheret. Si het zwöi Büecher gschribe über die legendäri Bärnerin Madame de Meuron: «Elisabeth de Meuron-von Tscharner (1882–1980)» u «Die Entourage von Elisabeth de Meuron-von Tscharner». D Karoline Arn verzeut vo dr Elisabeth de Meuron, wie die Arischtokratin, no ganz im Aute verfange, doch scho ä moderni säubschtändigi Frou isch gsi. De het d Karoline zwee Fiume gmacht über die Jenische: «Jung und Jenisch» u«Unerhört Jenisch». Si macht mit dr Martina Rieder 2007 ä Fium über ds Müeti Seiler vom Schlössli Ins, myni Mueter: «Müetis Kapital» u überchunt drfür die «Goldene Brille», ä Medieprys im Kanton Bärn. Drzue schrybt si äs Buech über ds Müeti: «Wenn wir uns gut sind». Somit het Karoline Arn Bärn kuutureu berycheret, i dr bärnische Kuuturwäut Dänkmäler gsetzt. Ihri geischtrychi Art, öppis z schiudere, syg's im Fium, imene Buech oder im Gschpräch am Radio, ghört zum Bärner Gral.

De hei mer z Bärn d Regula Rytz. Stadtpolitikerin, Nationalrätin, jahrelangi Präsidäntin vo de Grüene i dr Schwyz, ire Zyt, wo's de Grüene guet ggange isch. Ä Fasch-Bundesrätin. U hüt Präsidäntin vo dr Helvetas. Ä charismatischi u outhäntischi Frou. Jedes Mau, wen ig i ihres Gsicht luege, gspüren ig, dass da ä wunderbari spiritueui Bärner Wäut uflüüchtet. Das han ig gärn.

De würkt dr Felix Rohner mit syne säubschterfungnige wäutberühmte Hang, wo me mit dr Hang spiut, am Aarehang. Äs typisches Bärn-Produkt z Bärn. Die Musig han ig gärn.

De bin ig wider uf äm Bundesplatz mit Tuusige vo Lüt a rä Demo, wo d Klimajugend het organisiert. Die ganzi Stadt isch verstopft vo de hunderttuusig Engagierte. U my Sohn Julian het das vor äm Bundeshuus mitmoderiert. U de im Herbscht zwöituusiguzwänzg, ou uf äm Bundesplatz, die Bsetzig vo de Junge. Ydrücklich die klare Forderige, wo me de Parlamentarier:inne im Bundeshuus het gsteut. Ou das zeut für mi zum Bärner Gral.

U je nachdäm, won ig ds Rohr abega, bim PKZ oder bim Loeb, triffen ig Lüt, won ig scho lang nüm gseh ha, oder de äbe nid.

Ig würd gärn au die Bärn-Gstaute no einisch träffe. Drum han ig se jitz hie bi dr Gralschpysig troffe. Vilecht im «Falke» oder i dr «Harmonie».

Das aus, wo Bärn zum Heiligtum macht, ghört zum Bärner Gral. Bärn aus Gral, wo die ändlosi schlängelndi Aareschlange hüetet, wo dä Gral aui spyst – was immer si sich de ou grad wünsche.

Über dr Outor

We de über ä Outor öppis möchtsch wüsse, chönntsch das i sym erschte Bärndütschbüechli «Wenn dr Himu äm Horizont äs Müntschi git» (2021) ga nacheläse. Dört het är i sächzg Anekdote sys Läbe beschribe.

Aber für die, wo's hie wei läse, so viu: z Chlydietu am 19. April 1942 gebore. Di erschte Schueujahr im Reuscht unger äm Sigriswilergrat bi mym Vater i Schueu ggange. De bis zur nünte Klass i d Steinerschueu ds Bärn. Nachär i ds Lehrerseminar Murischtaude. Ä churzi Zyt aus Lehrer i dr Gsamtschueu Eblige bi Brienz. De Lehrer i dr vo myne Eutere 1953 ggründete Heimschueu Schlössli Ins. Vo 1972 bis 2006 Leiter vo dere Heimschueu. Nach dr Schliessig vo dere Inschtitution 2014 wyterhin aus Presidänt vo dr Stiftung Seiler Schlössli Ins tätig, wo die zwänzg Hüser a Familie u Projekt vermiete.

Politisch bin ig Initiant vo dr Volksinitiative für freie Schulwahl (1980–1983) im Kanton Bärn, Mitbegründer u im Vorstang vo dr grüene Partei Freie Liste u i dr Bewegig vo de alternative Schuele i dr Schwyz tätig.

I ha i dr Schwyz u im Usland, vor allem in Tschechie, viu Kurse a Akademie u Lehrerseminar ggä. I de Nünzgerjahr Gaschtprofässer a dr lettische Universität in Riga. Viu vo de Ungerrichtsthemene han ig de i Büecher veröffentlicht: «Farben» (2001), «Sternenkunde integral» (2010), «Das grosse Parzivalbuch» (2014), «Johann Heinrich Pestalozzi» (2015), «Von der Wärmemeditation zur Wärmepadagogik» (2018).

Syt baud dryssg Jahr mit dr Kamila verhüratet. Mir hei zwe Söhn u ä Tochter. Mit myre erschte Frou han ig vier Ching.